マニアック家《いえ》中《ちゅう》華《か》

超料理マニアな料理人
東山広樹

ダイヤモンド社

はじめに

僕が超料理マニアな料理人になったわけと、マニアック家中華のこと

この本を手に取っていただきありがとうございます！

最初に少し自己紹介をさせてください。僕と料理の出会いは、中学二年生の夏休み。スーパーに行ってお小遣いで食材を買い、自分で昼食を作ったのが始まりです。最初に作ったのは鶏むね肉を茹でてポン酢をかけたもの。麻婆豆腐にもハマり、手軽なこともあって肉野菜炒めもよく作りました。高校生の頃にはマイ中華鍋を買いにかっぱ橋道具街まで遠征したり。この頃から〝家中華〟に足を突っ込んでいたのです。

大学は、東京農業大学の醸造科学科に進み、味覚の実験や調味料の研究に明け暮れました。卒業後、いったん会社員になったのですが料理の道をあきらめきれず、一念発起。友人たちの応援もあり、会社を辞めて汁なし担々麺専門店をオープンすることにしたのです。（なぜ、担々麺だったのか？　高校生のときに読んだ『美味しんぼ』で中国の汁なし担々麺の存在を知り、漫画の情報だけを頼りに自分で作ってみたらあまりにもおいしくて、忘れられなかったのです！）

でも僕は当時「料理好き」しか取り柄がない、ただの元会社員。人の何倍もの努力が必要だと思い、千を超えるレシピを試作して、そのデータをすべてエクセルで管理しながら、納得いく味にたどり着くまで検証を重ねました。

この「データを取りながら試作を進める」手法は、今でもすごく役立っています。料理を作るときに「定量化する」ことと「原理を言語化する」という姿勢はとても大切です。おいしい料理には、必ずおいしい理由があります。その理由をいろいろな角度から分析することが、料理スキルの向上に繋がるのだと確信しています。

そこで本書でも、「マニアックポイント」と称して「なぜおいしくなるのか？」の解説をたくさん散りばめました。ただレシピをなぞるより、おいしくなる理由を理解しながら作ってもらいたい。そして、まずは僕がマニアックに検証したレシピ通りに配合や手順を守り、手間を惜しまず作ってみてほしいと思います。絶対に「なにこれ!?　めちゃめちゃおいしい！」と驚かせる自信があります。

本書では、麻婆豆腐や汁なし担々麺といった僕が長年研究し続けている料理をはじめ、中国で食べて感動し、家でも作りやすいよう工夫したもの、更においしくなるよう改良したものなど、いろんな家中華のレシピを紹介しています。本場の中国料理はもちろん、家で作る中華も本当に奥が深い！　作りながら、食べながら、存分に楽しんでください。

東山広樹

もくじ

一章 絶対的探求レシピ

二章 王道 家中華の最強レシピ

Column

中国の旅で出会った味

マニアック家中華を支える 8つの道具

お店のような専門的な道具は必要ありませんが、揃えておくと調理が格段にスムーズに進むアイテムを紹介！

はかりは2種類揃える

調味パーセントの計量にも便利！

1

0.1g単位の計量が可能

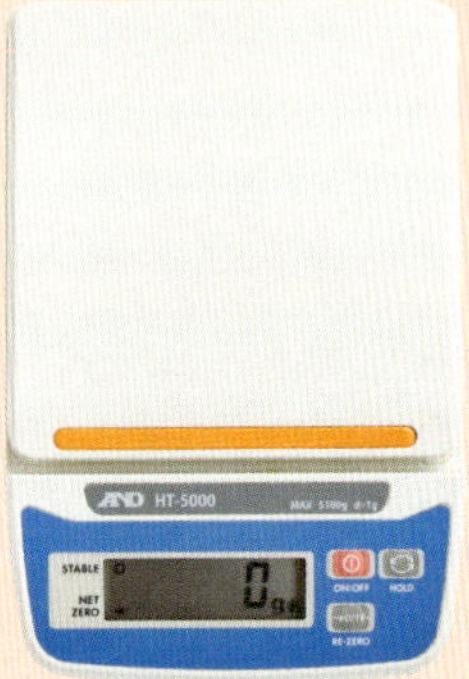

2

最大計量 3kg

食材をはかるためのものと、調味料をはかるもの、2種類あると◎。食材用は、最大3kgくらいまで計量できると便利。調味料用は、特に正確さが求められるため、最小0.1g（欲を言えば0.01g）単位ではかれると理想的です。食材の総重量に対する調味料の分量をはかるときにも、2つあるとわかりやすい！

温度計も用途別に2種類揃える

スティック温度計

3

液体の温度や肉の芯温をはかるときには、刺すタイプのスティック型デジタル温度計が便利。水洗いできるものを選びましょう。油の温度は、鍋の縁に挟めるアナログタイプがおすすめ。

温度管理は超重要！

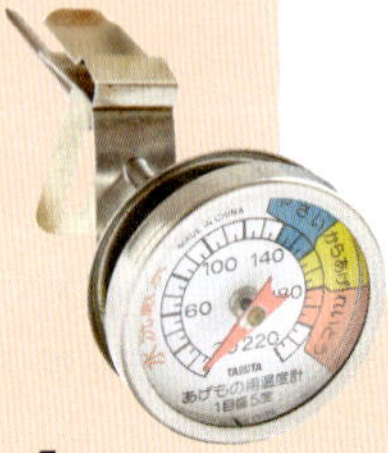

4

揚げ物用温度計

5 6 シリコン製のヘラと箸も必需品

フッ素樹脂加工フライパン（左）は、かたいものでこするとコーティングがすぐにはがれてしまいます。あたりがやさしいシリコン製のヘラと箸を選びましょう。

7 フライパンは、フッ素樹脂加工がベスト！

本書で紹介している家中華のレシピは、家庭の火力でもおいしく仕上がるよう工夫しているため、基本的に中華鍋は不要です。代わりに、焦げにくいフッ素樹脂加工のフライパンがベスト！ なるべくよい状態で長持ちさせるために、空焚きをしない、木ベラなどかたい調理道具を使わない、強く洗わない……など手入れには気をつけましょう。

中華鍋がある人は……

もし中華鍋のほうが慣れている、使ってみたいという人は、食材を焦げつきにくくするために調理前に必ず「油返し」を。煙が出るまで熱した中華鍋に油を入れてなじませ、オイルポットなどに戻します。

8 揚げ物のハードルを下げるオイルポット

揚げ物や「油返し」の使用済み油を移して保存します。揚げカスや濁りを取り除くための「ろ過網」がついているので、油を2〜3回は使いまわせて超便利！

ほかにも……

包丁　どんなによい包丁でも切れ味は必ず落ちていくので定期的に研ぐことが大切。

網付きバット　肉を乾かしたり、揚げ物の油を切るときなど、家中華に頻出する必需品！

計量スプーン　大さじと小さじ3本ずつあると調味料の種類が多いとき同時に使えて超便利。小さじ1/2もあれば最高！

調味料の特徴を知れば味の組み立てができる

本書のレシピに登場する主な調味料。それぞれの特徴をしっかり理解して使いこなすことができれば、より本格的な味に仕上がります。

中国醤油

本書のレシピで「中国醤油」としている濃口醤油。僕が見てきた限り現地の多くの店でこのタイプを使っており、日本の醤油よりもうまみと甘みが強い！ これを使うだけで本場の味に近づきます。日本のさしみ醤油で代用することも可。

老《ラオ》抽《チョウ》王《ワン》

濃口のたまり醤油で、日本のたまり醤油よりも遥かに濃い！ ネットや中国食材店で買えるので、本書のレシピで「老抽王」としているものは、絶対にこれを使ってほしいです。

オイスターソース

うまみと甘みが強く、塩気が穏やか。高級なものを使うともちろんおいしくなりますが、本書のレシピではまずはスーパーで買えるもので大丈夫！ 開封後は冷蔵保存がおすすめです。

中国黒酢

中国料理に欠かせない調味料です。まろやかな酸味とうまみ、甘みが特徴。日本の黒酢でも代用できますが、できれば中国黒酢を使ってほしい。香醋（香酢）と書いてあるものを選びましょう。

紹興酒

料理に気品ある香りとうまみを与えてくれます。ドロッと濃度が高い調味料をのばすときにも便利です。料理に入れたあと、加熱してアルコール分をしっかり飛ばすのがポイント。

ピーシェン豆板醤

四川豆板醤

豆板醤

豆板醤はこの２種類を使い分けられるとプロ級！ さわやかでシャープな辛さの四川豆板醤と、少しビターでコクのあるピーシェン豆板醤。特に麻婆豆腐や回鍋肉は、豆板醤の種類によって味わいがかなり変わります。本書のレシピでもお好みで選んでください。

＊辣油については10ページで紹介しています。

ごま油
サラダ油

牛脂
ラード

油（植物性／サラダ油、ごま油）

本書のレシピでは、上記のサラダ油とごま油以外に、太白ごま油を使っているものがあります。クセがないのにごま本来のうまみがあり、おすすめ。ぜひレシピ通りに使ってみてください。もし代用するならサラダ油で。

油（動物性／牛脂、ラード）

動物性油脂は、植物性のものと比べてコクや香りが断然濃い！町中華系の料理にはラードが欠かせませんし、四川料理には牛脂が必須です。特に牛脂は本書のレシピでも多用しています。

砂糖（紅糖、甜菜糖）

中国では、「紅糖」という黒糖ときび砂糖の中間のような砂糖を使っているのもよく見かけます。ただし、日本では手に入りにくいため、甜菜糖を使うのがおすすめ！白砂糖に比べて甘さ控えめで、うまみをたっぷり含んでいます。

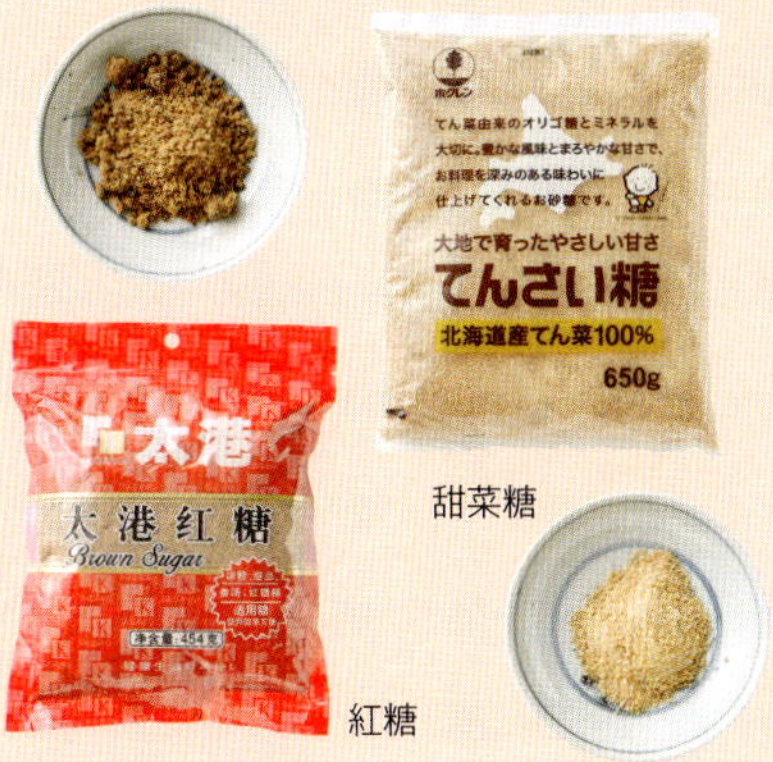

甜菜糖
紅糖

鶏ガラスープの素

中国料理で使用頻度が高い調味料。湯に溶かしてスープとして使うのではなく、塩&うま味調味料として、顆粒のまま炒め物に加えたり、タレに混ぜたりして使います。

豆《トウ》豉《チ》

黒豆を発酵させて作る豆豉は醤油と塩の中間のような味わいで、炒め物との相性が抜群。冷蔵すれば長期保存も可能です。なお、豆豉醤は味が異なるため代用不可。

花《ホア》椒《ジャオ》油《ユ》

痺れる辛さが特徴の花椒*を使った香味油。少量入れるだけで料理の印象を一変させる力があります。なるべくよいものを選びましょう。本書では自家製レシピも紹介。

＊紅花椒、青花椒（藤椒）

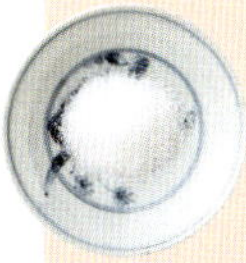

うま味調味料

中国でも多くの店で使われている、うま味調味料。味が濃い中国料理と相性がよく、使うと更にパンチが出て一気に本格的な味に。本書のレシピでも多用しています。

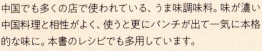

作っておけばいろいろ使える 自家製調味料

市販の調味料を使ってもよいですが、
自分で作ればおいしさもアップ!
いろんな料理に活用できるのも嬉しい。

辣《ラー》油《ユ》

辛いだけじゃない、辣油の実力

日本では辛さを足すときのアクセントとして使われることの多い辣油ですが、中国では、辛味付けはもちろんのこと、香りを厚くしたり、コクを出したり、味を作る重要な調味料のひとつとして、さまざまな料理に使われているのを見かけます。水のようにたっぷり入れることも! 本書のレシピでも多用しているので、ぜひ自分で作ってみてください。慣れると簡単です。

材料 作りやすい分量

長ねぎ(青い部分)…1本
生姜…1と1/3かけ(20g)
赤唐辛子ホール…6本
一味唐辛子…30g
好みのホールスパイス*
…適量
サラダ油…300g

*ここでは花椒ホール、八角、シナモン、クローブ、ローリエ、カルダモンを使用。

作り方

1 鍋に油、ホールスパイス、赤唐辛子、生姜、ねぎを入れ、ふつふつと泡が出る程度の火力で30分程度加熱する。

2 ホールスパイス、赤唐辛子、生姜、ねぎを取り出す。

3 中火で加熱し、温度計ではかりながら約170℃まで上げて火を止める。

自家製辣油を使うと
よりおいしくなる料理

紅油餃子(p.25)
茹で豚のにんにくソース(p.38)
よだれ鶏(p.45)
汁なし担々麺(p.46)
中華風冷や奴(p.60)
ピーマンとピータン豆腐(p.61)
豆腐メシ(p.68)
四川風肉蕎麦(p.102)

自家製辣油の市販品での代用について

本書のレシピではぜひこの自家製辣油を作って使用してほしいのですが、もし市販品を使う場合は、そのままだと辛さだけが増してしまうため、辣油1に対してサラダ油1で割って必要な分量に調整してください。

花《ホア》椒《ジャオ》油《ユ》

香り・辛みの奥行きが増す、自家製の花椒油

花椒は、痺れる辛さが特徴のスパイス。ホールタイプが使い勝手がよいですが、長期間保存するとどうしても香りが飛んでしまいます。そこで、花椒油にすると香りを長持ちさせることができます。

密閉した瓶で油ごと加熱すれば、香りが揮発せず油に移り風味が完璧に保たれるのです。市販品より痺れ感もマイルドで、使いやすい。油はクセのない太白ごま油がおすすめです。

自家製花椒油を使うと
よりおいしくなる料理

- 茹で豚のにんにくソース（p.**38**）
- よだれ鶏（p.**45**）
- 汁なし担々麺（p.**46**）
- ピーマンとピータン豆腐（p.**61**）

材料 作りやすい分量

花椒ホール…10g
太白ごま油…80g

作り方

1 花椒、太白ごま油を蓋付きの耐熱瓶に入れる。

2 鍋に湯を沸騰させ、蓋をした**1**を入れて弱火で1時間湯煎する。

3 自然に冷まし、冷蔵で保存する。（約1ヶ月保存可能）。

4 ボウルに一味唐辛子を入れ、**3**をかけてよくかき混ぜる。

5 自然に冷めるのを待ち、蓋付きの瓶などに入れて常温で保存する（1ヶ月以上保存する場合は冷蔵で。2〜3ヶ月を目安に使い切る）。

レンチンバージョン

一味唐辛子大さじ1とサラダ油大さじ5を耐熱容器に入れ、蓋をせず600Wの電子レンジで2分加熱する。

甜《テン》醤《ジャン》油《ユ》

多様に使える、甘い万能ソース・甜醤油

甘みを加えた醤油ベースの調味料で、日本ではあまりなじみがありませんが、中国料理でよく使われます。濃厚でスパイスが香り、よだれ鶏などの冷菜には欠かせません。砂糖をしっかりカラメル化させてコクを出すのがコツです。

自家製甜醤油を使うと
よりおいしくなる料理

紅油餃子（p.25）
茹で豚のにんにくソース（p.38）
よだれ鶏（p.45）
ほかにも中華風冷や奴（p.60）や
四川風ガチ火鍋（p.84）の
タレとしてかけてもおいしい。

材料 作りやすい分量

甜菜糖…200g

A
- ウスターソース…50g
- 紹興酒…200g

B
- クローブ…20本
- 八角…1個
- シナモン…2本
- 中国醤油…200g
- 老抽王…200g
- 中国黒酢…200g
- うま味調味料…20g

作り方

1 2L以上入るサイズの鍋に甜菜糖を入れ、弱めの中火で加熱する。

2 鍋ごと回して揺らしながら、甜菜糖をしっかりカラメル化させる（ここでは鍋の中の甜菜糖は決して直接触らない）。

3 甜菜糖が茶褐色になったら、混ぜておいたAを加えカラメル化の進行を止める。

4 いったん火を止め、ゴムベラでよく混ぜて甜菜糖をしっかり溶かし切る。

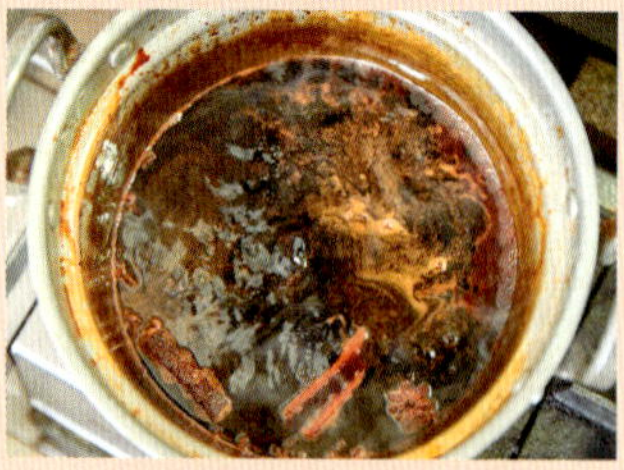

5 甜菜糖が完全に溶けたらBを入れて中火にかけ、沸騰させる（鍋肌の醤油が焦げるので強火にはしない）。沸騰したら弱火にして20分加熱。

6 自然に冷めるのを待ち、蓋付きの瓶などに入れる（冷蔵で1年間保存可能）。

滷《ルー》水《スイ》

スパイスと深い風味がクセになる滷水

滷水は〝スパイス塩水〟とでもいうような調味料で、枝豆、茹で落花生、鶏肉などをこれに漬けて食べたりします。スパイスや配合に決まったものはなく、ここでは、現地の料理本で学んだレシピをベースに、アレンジして紹介。

自家製滷水を使うとよりおいしくなる料理

レモンハーブ鶏（p.**44**）
滷水枝豆（p.**65**）
ほかに、茹でた豚肉や豚モツなどを漬けてもうまい。

材料 作りやすい分量

生姜…1かけ（15g）
にんにく…2かけ（10g）
赤唐辛子ホール…2本
花椒ホール…小さじ1
八角…2個
シナモン…1本
クローブ…10本
ローリエ…1枚
中国醤油…大さじ1
紹興酒…大さじ1
甜菜糖…小さじ1弱（3g）
塩…小さじ2
水…600ml

作り方

1 すべての材料を鍋に入れて沸騰させる。

2 弱火で15分煮る。

3 火を止めて、粗熱が取れたら密閉容器に入れる（冷蔵で約1週間、冷凍で約3ヶ月保存可能）。

鶏スープ

鶏のうまみたっぷりの最高のスープ

鶏を使った最高においしいスープ。手に入りづらいことも多い鶏ガラは、必ずしも使う必要はありません。スーパーで売っている鶏肉だけで十分。部位はなんでも大丈夫です。ただし、使う部位によって味わいが変わるため下記を参照して組み合わせてください。肉や皮から抽出される鶏油（チーユ）を取るのも忘れずに！炒め物やラーメンに使えば格別においしくなります。

材料 作りやすい分量

丸鶏、手羽元、手羽先、鶏むね肉、鶏ひき肉、鶏皮、鶏ガラなど、好みの部位を適量

鶏ガラや手羽元、手羽先など、皮や筋が多い部位を使うとコクが出ます。ひき肉や胸肉などを使って肉の量を増やすと、うまみも増します。

作り方

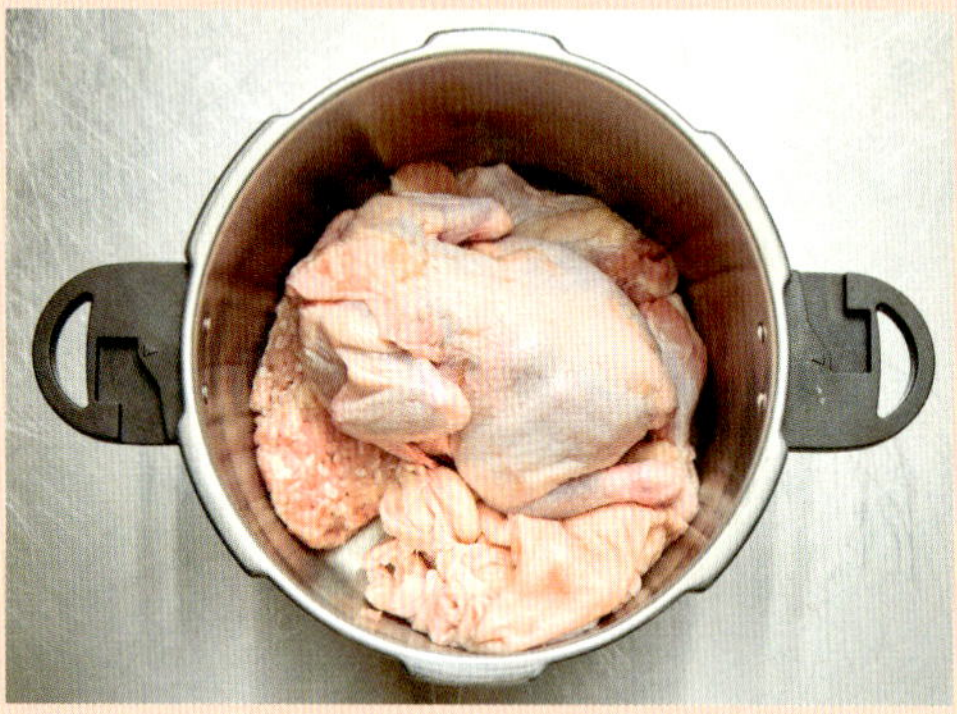

1 鶏肉や鶏ガラを深めの鍋に入れ、ひたひたになるまで水（分量外）を注ぐ。

2 強火で加熱し、沸騰させてアクを取る（鶏の臭みがこもってしまうので蓋はしない）。

自家製鶏スープを使うとよりおいしくなる料理

四川風ガチ火鍋（p.84）
鶏そば（p.96）
豚バラ煮込みご飯（p.110）

3

そのまま10分ほど沸騰を続け、アクが出てきたら都度取る（アクは濾して、スープは再び鍋に戻す）。

4

弱火にして、スープの表面に1〜2筋ポコポコと泡が出るくらいの火加減で3〜4時間煮る。鶏肉や鶏ガラからしっかりうまみを出す。

5

スープを煮ながら、表面に浮かんできた鶏油をボウルにすくいとり、密閉できる容器に移す（鶏油は、放置して煮過ぎると油の臭みが出るので注意）。

6

ざるで鶏肉、鶏ガラを濾す。

7

ヘラでしっかり押さえ、余すところなくスープをとる。

8

スープが冷めたら、タッパーやペットボトルなどの密閉容器に移す。冷蔵で約1週間、冷凍で約3ヶ月保存可能。

鶏油は密閉容器に入れて冷蔵で約10日間保存可能。

本書の使い方

A

1%の塩が決め手！

炒め物

トマトと卵炒め

材料 2人分

卵…4個
トマト…2個
塩…下処理したトマトの総重量の1%
サラダ油（卵炒め用）…大さじ1
サラダ油（仕上げ用）…大さじ2

マニアックポイント1 トマトはかためのしっかりしたものが◎

勝負はトマト選びから始まっている！ 食感を残したいので、熟してやわらかいものはNG。皮がしっかりしているフルーツトマトなども最高です。

マニアックポイント2 1%の塩を先に和える

炒め物はタイミングとスピードが命。先にトマトに完璧なバランスの塩を和えておくことで、炒めるときに焦らず済みます。

作り方

1 トマトはへたを取り、6等分のくし形切りにする。
2 1のトマトの重さをはかり、その1%の塩と軽く和える。
3 卵を軽く溶く。
4 フライパンを中火で熱し、油（大さじ1）をひいて3の溶き卵を入れ、軽く混ぜながら半熟加減に火を通したらいったん皿に取り出す。
5 フライパンに油（大さじ2）をひいて強火で熱し、温まったら2のトマトを入れる。あまりひっくり返さず、片面にしっかり焼き色を付けるように焼く。
6 トマトに焼き色が付いたら、4の卵をフライパンに戻し入れてさっくり混ぜ合わせる。一体感が生まれたら完成。

マニアックポイント3 トマトと卵は別々に炒める

水分が多いトマトは、じっくり焼き色を付ける。卵はふっくら感を出すためサッと加熱。この2つの火入れを同時に行うのは不可能です。必ず別々に炒めます。

70

B　C

最小限の味付けが最大限のうまさを作る

数ある中国料理の中でも僕がトップクラスに大好きな炒め物。中国全土でも大人気の"おふくろの味"です。

にんにくやねぎを入れるもの、砂糖を入れるもの、片栗粉でとろみをつけるもの、チリソースっぽく仕上げるもの……。実にさまざまなレシピがありますが、僕が考えたレシピではシンプルさを突き詰めました。

材料は卵、トマト、油、塩のみ！ シンプルゆえに、家で作るときもまずはレシピ通りを心がけましょう。

大事なのは、トマトに片面だけしっかり焼き色を付けること。そして、卵をふっくら仕上げること。トマトのしっかり食感と卵のふわふわ感の対比が要です。

ちなみに、世界一ご飯が進むトマト料理だと思っているので、ご飯はたっぷり炊いておいてください！

71 王道 家中華の最強レシピ

火加減

弱火

鍋やフライパンの底に、炎が直接あたらない程度の火加減です。

中火

炎の先が、鍋やフライパンの底にちょうど届くくらい。

強火

鍋やフライパンの底全体に炎がしっかりあたっている状態です。

A 主な調味料とその代用について

本書で使用している主な調味料については、**8〜9**ページ（市販品）と**10〜15**ページ（自家製するときの作り方）で詳しく紹介しています。代用情報についても記載しているので、調理の前に読んで確認してください。

計量単位や下処理について

・大さじ1＝15ml、小さじ1＝5mlです。なお同じ食材や調味料でも、より正確に計量してほしいものはgで表記している場合があります。
・野菜は、洗ったり、皮をむくなどの下処理の記載を一部省略していることがあります。

B 手順はレシピ通りに

炒める順番や調味料を入れる順番にもそれぞれ理由があります。また、中国料理の調理はスピードが求められるので、作る前にレシピをしっかり読み込んで、段取りよく進めましょう！

C 手間を惜しむべからず！

調理のキモとなるところを、「マニアックポイント」として紹介しています。面倒に感じることや、「省略しても大差ないのでは？」と思ってしまいがちなこともあるかもしれません。でも、それらをちゃんとやることがおいしさに繋がるのです！

一章

絶対的探求レシピ

僕がこれまでの料理人生で
数えきれないくらい
作り倒した7つの家中華。
その決定版レシピを
大公開します。
まずは一度作ってみてください。
そして、マスターできるまで
繰り返しチャレンジ！

一、基本となる
手作り餃子の皮

どんな具でも包み込む、モチモチ生地の神配合

日本では、餃子は〝ご飯のおかず〟的な存在ですが、中国では麺料理として捉えられています。小麦粉で作る生地を使った餃子は主食であり、食事の主役を張る料理なのです。

ここでは、そんな食べごたえのある餃子を目指して、どんな具材（餡）でも包みやすく、厚くてモチモチ。噛み締めるほどに小麦の甘みを感じる生地を作ります。しっかりマスターして、家でも最高の餃子を楽しみましょう！

理想の生地の考え方

① どんな生地を目指すか？

自分がどんな餃子を作りたいか、目的から逆算して小麦粉の選別や配合、水加減を検証。今回は、皮がおいしくて餡がパンパンに詰まった餃子！ そのためにどんな具材でも包みやすい、モチモチで伸びやすい生地を目指す。

② 小麦粉の主な成分をおさらい

でんぷん…70～80%を占める主成分
たんぱく質…10%前後を占め、グルテン*の形成に関わる

③ 小麦粉の種類別グルテン含有率（たんぱく質量）と、生地への影響を確認

強力粉…グルテン含有率 **高**（約11.5～13.0%）
○ コシが出て伸びやすくなる
△ かたくなり過ぎる

中力粉…グルテン含有率 **中**（9%前後）
○ 弾力とやわらかさのバランスがよい
△ 個性が出にくい

薄力粉…グルテン含有率 **低**（約6.5～9.0%）
○ 口溶けがよくなる
△ やわらかくなり破れやすい

⇩

僕が考える最強のモチモチ生地は、
強力粉1：薄力粉1：白玉粉0.1 が正解！

＊グルテン：小麦粉に水を加えてこねると、2種類のたんぱく質・グルテニンとグリアジンが絡み合って網目状のグルテンが形成される。グルテンは生地に粘りと弾力を与える。

材料 皮20g×16個分

強力粉…100g
薄力粉…100g
白玉粉…10g
塩…5g
湯…105g
好みの餡*…適量

＊22〜24ページ参照

作り方

生地を作る

1 白玉粉をざるに入れ、手やヘラで押しつぶして細かい粉末状にしておく。

2 強力粉、薄力粉、白玉粉、塩をボウルに入れ、均一になるよう混ぜていく。

3 沸騰させた湯を8割程度加え、菜箸で混ぜる。

4 残りの湯を加えて引き続き混ぜる。

point! 小麦粉の主成分・でんぷんは熱い湯を加えると糊化して粘り気が出る。その後、冷えると再結晶化して生地にハリが出る。

5 手でしっかりこねていく。

point! しっかりこねてもネチャッと手にくっつくようなら水分過多。少しずつ強力粉を足す。生地の表面がボソボソしているときは水分不足。慎重に2~5mlくらいずつ足していく。

6 作業台やまな板などの上に生地を移し、引き続きしっかりこねる。

point! このとき、生地がかたくなってしまうため打ち粉は振らない。

7 こね上がったら生地を大きな団子状にまとめ、ボウルに入れる。

8 乾燥しないようにラップをして最低1時間（〜3時間くらい）寝かせる。

point! 生地を休ませている間にグルテンが安定して、伸ばしても反発せず縮みづらくなる。

餡を包む

生地と餡はしっかり計量して分けておくこと。これが思いのほかうまく包むコツになります。あとで焼くときに、火の通り加減を均一にするためにも超重要な作業です。

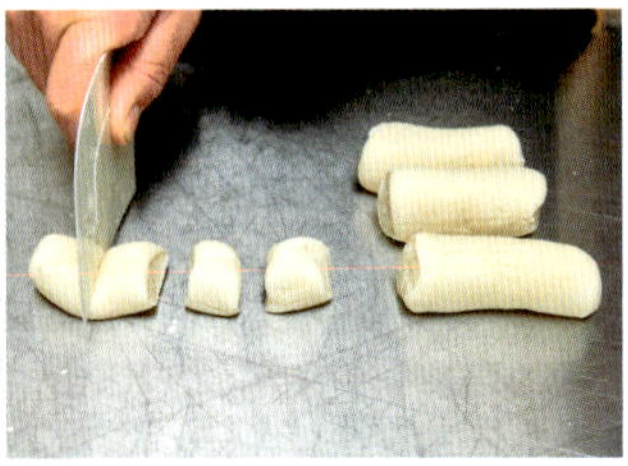

1 生地を軽くこねて棒状にして、16等分に切り分ける。

point! 全体をまず2等分して、更にそれぞれを2等分していくと均等にしやすい。

2 切り分けた生地を、断面が上下になるようバットなどに並べ、乾燥しないようにラップを被せておく。

point! 断面（切り口）にはまだ水分が残っているため、次の工程でこの面を起点に麺棒を押しあてていくと伸ばしやすい。

3 作業台と麺棒、生地に打ち粉を振り、生地の断面を軽く手で押しつぶしてから麺棒で伸ばしていく。

point! まず縦に伸ばし、生地を90度回転させて再び伸ばすと円にしやすい。

4 生地を持ち上げて指で軽く伸ばしながら直径9cmほどの正円にできたら、餡を中心にのせる。中指に水をつけて周縁に塗る。

5 中指を使って餡を押し込みながら包んでいく。

point! 水と餡に触れる指を決めることで（中指）、皮のあちこちに水と餡がくっつくのを防ぐ。

6 生地を合わせた部分がはがれないよう、しっかり圧をかけて留めていく。

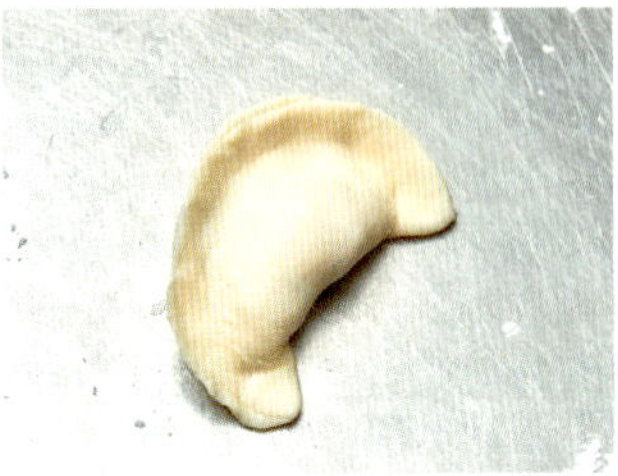

7 作業台に押し付けて焼き面となる部分を平らにし、半月状に成型していく。

焼く

大事に皮から作った餃子、焼くとき絶対に失敗したくない！ そこで大事なのは、フライパンのサイズと餃子の数を対応させること。手作りの皮は膨らみやすいため、ぎちぎちに詰め込み過ぎるとくっついて破れてしまいます。餃子同士に適度な間隔が必要です。26〜30cmサイズのフライパンだと、8個くらいがベスト！

1 フライパンにサラダ油大さじ1を入れて強火で熱し、いったん火を止める。餃子を並べ入れて、フライパンを傾けて油を回す。

2 中火で加熱し、ごく薄く焼き色がついたら火を止めて2分ほどおく。

3 沸騰させた湯を餃子の高さの1/3程度まで注ぐ。

4 蓋をして中火で3分加熱する。

5 蓋で餃子を押さえながら湯を捨てる。ひっくりかえった餃子があれば、焼き面を下にして並べ直す。

6 すばやくサラダ油大さじ2を回し入れ、水分を飛ばしながら強火で1分焼く。

7 写真のような焼き色が付いたら火を止めて完成。

肉汁溢れる 豚バラ餃子

餡は「肉+ごく少量の野菜」が本場中国式! ほかではなかなか食べられない、攻撃力高めで肉肉しい食べごたえがやみつきになりますよ。

材料 16個分

餃子の皮(生地)*…320g

肉餡
- 豚バラ肉(ブロック)…200g
- 豚ひき肉…100g
- ニラ…1/2束(約50g)
- ラード…20g

調味料
- 中国醤油…10g
- オイスターソース…20g
- 塩…2g
- 胡椒…4振り程度
- うま味調味料…少々

*19ページ参照

作り方

餡作り

1. ニラを5mm幅の小口切りにする。
2. 豚バラ肉を5mm~1cm角に切る。
3. ひき肉に**2**と調味料の材料をすべて加えて粘りが出るまで練る。
4. **3**にニラとラードを加えて混ぜ合わせる。

包む、焼く

1. 餡を25g、皮(生地)を20gずつに分け、包んでいく(包み方は**20**ページを参照)。
2. フライパンにサラダ油大さじ1(分量外)を入れて強火で熱し、いったん火を止める。餃子を並べ入れ、油を回し、中火で焼いていく(仕上げまでの詳しい焼き方は**21**ページを参照)。

マニアックポイント1

ブロック肉は自分でカット

市販のひき肉ではなく、ブロック肉を自分で手切りすることで、肉らしい食感を存分に!

マニアックポイント2

野菜はニラだけが最適解!

ニラの刺激ある香りが肉に合う! おいしさはもちろん、疲労回復の食べ合わせとしても◎。

プリプリ＆ごろごろ えび餃子

えびを使った料理は、心ゆくまでえびを感じたい！　そんな欲望を詰め込んだ、〝えびえびしい〟餃子です。えび好きにはたまりません！

材料（16個分）

- 餃子の皮（生地）*…320g
- 餡
  - むきえび…220g
  - 豚ひき肉…130g
  - 生姜…2/3かけ（10g）
  - ラード…20g
- 調味料
  - オイスターソース…20g
  - 塩…2g
  - 胡椒…4振り程度
  - うま味調味料…少々

＊19ページ参照

作り方

餡作り

1. えびは背の部分を浅く切って背わたを竹串などで取り、1cm角に切る。
2. 生姜はすりおろす。
3. 肉に調味料の材料をすべて加えて、粘りが出るまで練る。
4. **3**にえび、生姜、ラードを加えて混ぜる。

包む、焼く

1. 餡を25g、皮（生地）を20gずつに分け、包んでいく（包み方は**20**ページを参照）。
2. フライパンにサラダ油大さじ1（分量外）を入れて強火で熱し、いったん火を止める。餃子を並べ入れ、油を回し、中火で焼いていく（仕上げまでの詳しい焼き方は**21**ページを参照）。

マニアックポイント 1

えびは迷わず大ぶりカット

えびは多少大きくても、“つなぎ”のひき肉が餡をしっかりまとめてくれるので大丈夫です！

薬味、醤油無用！
豚×ハーブの大人味

ミントが主役 ハーブ水餃子

肉の風味とミントのマッチングに驚く水餃子。刻んだミントは食感が弱いため、肉を叩き切ることで食べごたえを作るのがポイントです。

材料（8個分）

餃子の皮（生地）*… 160g

餡
- ミント（葉）… 10g
- 豚こま肉… 180g
- ラード… 10g

調味料
- 鶏ガラスープの素… 5g
- 塩… 1g
- うま味調味料…少々

＊19ページ参照

作り方

餡作り

1. ミントの葉をみじん切りにする。
2. 肉を1cm角に切る。
3. 2に調味料の材料をすべて加えて練って粘りを出す。
4. 3にラードとミントを混ぜて練る。

包む、茹でる

1. 餡を25g、皮（生地）を20gずつに分け、包んでいく（包み方は20ページを参照）。
2. 鍋にたっぷりの湯を沸騰させて餃子を入れ、8分茹でる。
3. 茹で上がった餃子の水気をよく切る。

マニアックポイント 1

ハーブは好きなだけ思い切り！

ミントをたっぷり入れるのがキモになる料理です。僕はベランダで育てていつも好きなだけ大量に入れてます。

辣油＋砂糖のカタルシス

紅《ホン》油《ユー》餃子

紅油とは辣油を使った味付けのこと。この紅油餃子、現地で食べたとき「砂糖!?」と苦手に感じたのですが、うまさを理解できた瞬間どハマり！

材料（8個分）

豚バラ餃子*…8個
自家製甜醤油…大さじ1
自家製辣油…大さじ1
甜菜糖…小さじ2〜4

＊22ページ参照

作り方

1. 豚バラ餡を皮で包む（包み方は20ページを参照）。
2. 鍋にたっぷりの湯を沸騰させて餃子を入れ、8分茹でる。
3. 茹で上がった餃子の水気をよく切り、どんぶりに入れる。
4. 甜醤油をかけ、更に甜菜糖をかける。
5. 仕上げに辣油をかける。

マニアックポイント1

甜菜糖は躊躇せず入れるべし！

甜菜糖がおすすめですが、本場式なら紅糖か黒糖、ほかにグラニュー糖＋うま味調味料でもOK。とにかくたっぷりで！

マニアックポイント2

辣油もたっぷりが定式

甜菜糖（砂糖）の量にあわせて辣油も大量に入れること。甘さと辛さのバランスを取りましょう。

二、25年間研究し続ける

麻婆豆腐

素材のうまみを抽出し、煮詰めて豆腐にまとわせる！

麻婆豆腐は、高校生の頃から作り始め、20年以上研究し続けてきた思い入れの強い料理です。

初めて四川で本場の麻婆豆腐を食べたとき、日本のものとはまったく違う味に衝撃を受けました。本場の麻婆豆腐はほとんど汁気がなく、ドライで味が濃い。麻辣をはじめとした複雑な風味を持った、目の醒めるような強烈な料理だったのです。

そんな現地に負けない味を家で作るのに大事なことは、まず牛肉を使うこと。本場の麻婆豆腐は牛肉のうまみ、風味が軸になっています。ひき肉は牛豚合びき肉を使い（牛ひき肉でもOK）、更に油に牛脂をブレンドしてやります。

そして、しっかり煮詰めること。これが超重要！限界まで煮詰めることで、素材のうまみを濃縮させるのです。

コツをつかむまで何度かトライが必要かもしれませんが、習得すれば家で一生マジでうまい麻婆豆腐を食べられます。うまく作るための鉄則（30ページ）をレシピとともに読み込んで、ぜひチャレンジを！

作り方

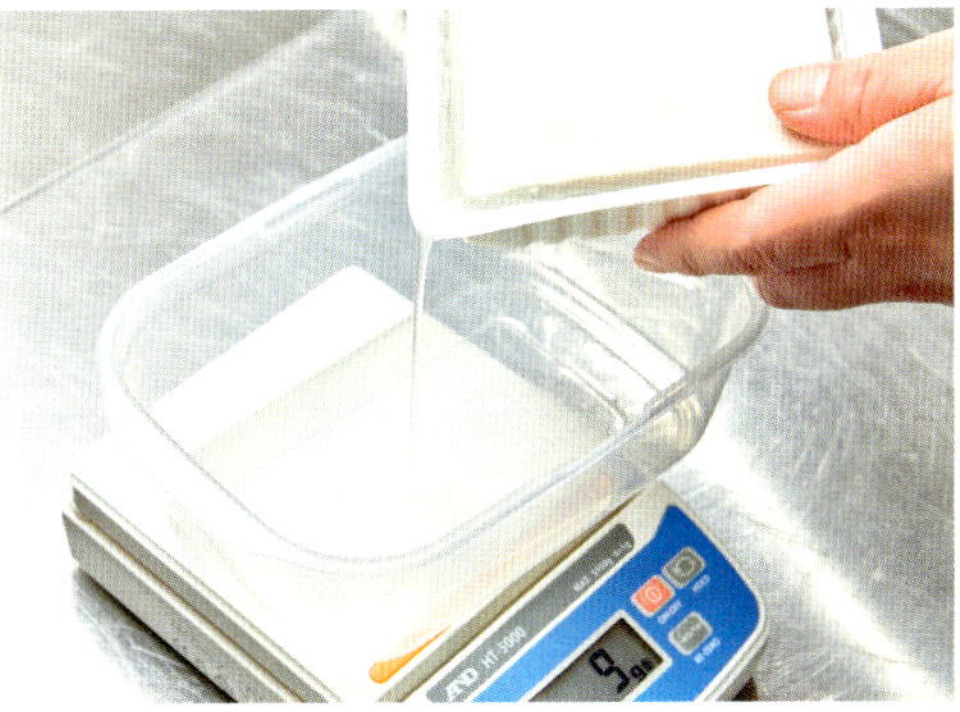

1 豆腐の封入水をタッパーなどの蓋付き耐熱容器に移し、更に水を加えて合計150mlに計量する。豆腐を1cm角のさいの目に切って容器に加え、600Wの電子レンジで4分加熱する。

point! 豆腐のうまみが染み出している封入水は捨てずに水分の一部として使う。

材料 1人分

絹ごし豆腐＊1…1丁（300g）
牛豚合びき肉…150g
ニラ…4〜6本（約10g）
一味唐辛子＊2
…（好みで）少々〜小さじ4（1〜10g）
花椒粉…適量
にんにく…2かけ（10g）
中国醤油…小さじ2
紹興酒…大さじ3
ピーシェン豆板醤…15g
豆豉…大さじ1と1/2
うま味調味料…小さじ1/2
牛脂…20g
ごま油…大さじ1
片栗粉…小さじ1
水…（豆腐の封入水含めて）150ml

＊1 水の張ったカット豆腐をその封入水ごと使用する。
＊2 5gが標準的な辛さ。

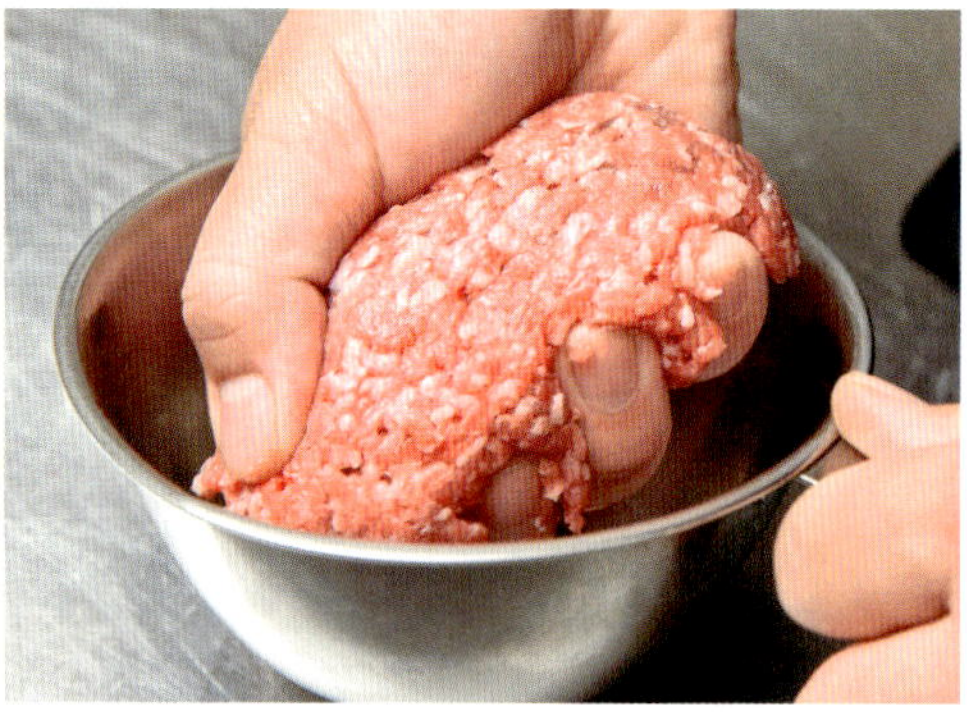

2 ひき肉を軽くつぶしながらこねてハンバーグ状にしておく。

point! ひき肉に含まれている空気を抜くことで、肉の密度を上げてギュッとした食べごたえのある食感を引き出す。

3 すべての材料を用意する。にんにくは細かく刻みニラは3cmの長さに切っておく。片栗粉は2倍量の水(分量外)で溶く。

point! フライパンで一気に仕上げる料理は、途中で慌てないように最初に材料を揃えておくのが鉄則。

4 フライパンに牛脂とごま油を加え、中火にかけて牛脂を溶かす。牛脂が溶けたら強火にして肉をかたまりのまま入れる。

5 肉の片面に軽く焼き色が付いたら豆豉を加える。肉は絶対にひっくり返さない。

point! 肉を高温で焼くと、糖とアミノ酸などによりメイラード反応が起こり、香ばしさが生まれる。ひっくり返すと温度が下がってしまうので我慢!

6 加熱を続け、肉にカリッとした焼き色が付いてきたら、ゴムベラで食べやすいサイズに切る。

point! 自分の好みのサイズにカットして、仕上がりの食感をコントロールする。

7

にんにくと豆板醤を入れて軽く火を通し、更に一味唐辛子を加えてシュワシュワと泡立つのを確認。紹興酒を入れて軽くアルコール分を飛ばし、醤油とうま味調味料を加えてひと煮立ちさせる。

point! 一味唐辛子を加えて泡立たなかった場合は、5秒おいてから紹興酒を入れる。

8

肉をフライパンの端に寄せ、**1**を水ごと加える。

point! 加熱してかたくなった肉の上に豆腐をのせると、豆腐が崩れる原因になるので注意。

9

ゴムベラで肉を豆腐の上に被せ、鍋をゆすりながら強火で煮詰めていく。汁気がなくなってきたらいったん火を止めて、水溶き片栗粉を流し入れてヘラで全体をかき混ぜる。

フライパンの縁に
染み出した
赤い油を見逃すな！

10

強火にして再び加熱。フライパンの縁に油が染み出してきて、麻婆豆腐自体を揚げ焼きしている状態を確認できるまで煮詰める。ニラも加え、汁気がなくなってきたら皿に盛って花椒を振る。

うまい麻婆豆腐のための 鬼八則

一、

フライパンはフッ素樹脂加工を使う

煮詰める段階で、絶対に豆腐を焦がさないことが超大事！　中華鍋は家庭では扱いが難しいため、焦げにくいフッ素樹脂加工フライパンが最適です。

二、

作る量とフライパンのサイズを対応させる

1人分なら20～24cm、2人分なら26～30cm。フライパンが小さ過ぎると焦げやすく、豆腐も崩れやすい。大き過ぎてもタレに豆腐が浸からないのでNG。

三、

豆腐は絹ごし・木綿両方◎「充填豆腐」だけはやめとこう

なめらかな絹ごしがベスト。木綿も食べごたえがあってよい。ただし、パックに隙間なく詰められた充填豆腐は向いてません。やわらか過ぎて崩れてしまいます。

四、

豆腐は茹でない。レンチンが最適解

レンチンのほうがラク&味が抜けないので断然おすすめ！　レンジでしっかり加熱すれば、豆腐のたんぱく質が変質し、かたくなって崩れにくい。

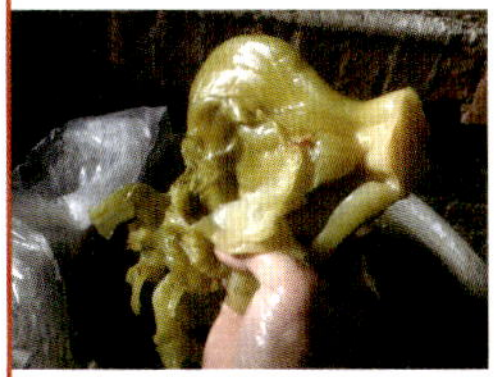

実は四川料理は「発酵食品のうまみを生かす」料理体系。発酵食品専門の市場があるのには驚きました。

蒸した黒豆を発酵させた豆豉は、四川料理の超重要調味料。麻婆豆腐にもマスト！ このように自家製で作る店も。

中国・四川省の成都で、麻婆豆腐発祥の店である「陳麻婆豆腐」を訪問。本場の麻婆豆腐は、塩気・うまみ・香りがどれも強烈！ 油の量もすごい！

五、

牛脂の香りを重視しよう！ ひき肉は牛豚合びき肉がおすすめ

「牛×麻辣」の香りが四川料理の要です。牛肉&牛脂の〝牛のダブル使い〟で香りを十分引き出しましょう。安価で手に入りやすい牛豚合びき肉がおすすめ！

六、

油をケチらない。たっぷり使うべし

油をたっぷり使う。これが中国料理をおいしく作るための一番大事なコツ。家中華でも同じです。「多いかな？」と感じても必ずレシピ通りに入れてください。

七、

フライパンをゆすりまくって焦げないように！

煮詰めれば煮詰めるほど焦げやすくなるので、フライパンをゆすり続けて焦げないようにしましょう。豆腐が崩れるので、ヘラでかき混ぜるのは絶対NG！

八、

仕上げまでとことん追い込んで煮詰める！

麻婆豆腐の極意は、煮詰め！ 赤い油がフライパンのなかで分離するまでしっかり煮詰めましょう。何度か作ってみると、適切な加減が体得できます。

三、基本となる

卵炒飯

炒飯は、その作り方においてさまざまな方法論が日々熱く議論されています。僕もいろいろ試してきましたが、この方法（レシピ）に落ち着きました。

　まず油は、コクを出すためにラードを使うこと。うま味調味料も必須です。ご飯は炊き立てを使うようにしましょう。冷めたご飯は米の表面のでんぷん質が結晶化してかたくなり、かたまりになりやすいです。

　食べるとき、僕は味変として酢や辣油をまぶすのが大好きです！

たっぷりのラードと
うま味調味料が
味の土台を作る

材料 1人分

温かいご飯…250g
卵…3個
長ねぎ(白い部分)…1/3本
中国醤油…小さじ1/2
塩…2.5g
うま味調味料…2.5g
ラード…30g

作り方

1 すべての材料を計量しておく。ねぎは粗みじんに切り、卵はさっくり溶く。

2 フライパンを強火で熱し、ラードを入れて、溶け切ったら溶き卵を入れる。

3 卵が8割程度かたまってきたら、ご飯を入れる。

4 ねぎ、塩、うま味調味料を加え、フライパンをあおりながら、ゴムベラを使って全体を混ぜ合わせる。かたまっているご飯は、ヘラでつぶして適宜ほぐす。

5 2分ほど炒めたら、鍋肌から醤油を回し入れて更に1分ほど炒める。

生姜が香る えび炒飯

細やかな火入れがもたらす、香りと肉厚食感

えびの満足度を最大まで押し上げた炒飯。安価なむきえびを使えば、えびたっぷりだけど材料費を抑えられるのも最高！　アクセントに生姜を利かせます。

材料（1人分）

- 温かいご飯…250g
- 卵…2個
- むきえび…100g
- 長ねぎ（白い部分）…1/3本
- 生姜…1/3かけ（5g）
- 塩…2.5g
- うま味調味料…2.5g
- ラード…30g

作り方

1. すべての材料を計量しておく。えびは背の部分を浅く切って背わたを竹串などで取り、クッキングペーパーで水気をよく拭き取る。ねぎは粗みじん切り、生姜はみじん切り、卵はさっくり溶く。
2. フライパンを強火で熱し、ラードを入れて、溶け切ったらえびを入れて塩少々（分量外）を振り、表面が白くなるまで炒めたら、いったん皿に取り出す。
3. **2**のフライパンにまず生姜を入れ、溶き卵も加えて卵が8割程度かたまってきたらご飯も加える。
4. ねぎ、塩、うま味調味料を加え、フライパンをあおりながら、ゴムベラを使って全体を混ぜ合わせる。かたまっているご飯は、ヘラでつぶして適宜ほぐす。
5. 2分ほど炒めたら、**2**のえびをフライパンに戻し入れ、更に1分ほど炒める。

マニアックポイント 1

炒め前の油通しが不可欠

多めの油でサッと炒めるとプリッとした弾力が生まれ、しっとりジューシーに！

マニアックポイント 2

えびを戻したら炒めは1分！

フライパンに戻したら炒めは1分以内でOK。あとはお米の余熱でゆっくり火を入れます。

発酵のうまみ凝縮

漬物炒飯

「漬物＝調味料」で
いつもの味が
劇的変化

中国では漬物を〝調味料感覚〟で使います。この漬物炒飯は現地でメジャーな味。醤油は入れないのがキモです。好みで仕上げに辣油と酢をかけても。

材料
1人分

温かいご飯…250g
卵…2個
漬物*…100g
豚ひき肉…100g
長ねぎ（白い部分）…1/3本
にんにく…1かけ（5g）
塩…2.5g
うま味調味料…2.5g
ラード…30g

*野沢菜、高菜がおすすめ。

吉香居
开味酸菜

作り方

1. すべての材料を計量しておく。漬物は水気を軽く絞り、5mm幅の小口切りにする。ねぎは粗みじん切り、にんにくはみじん切りにする。卵はさっくり溶いておく。
2. フライパンを強火で熱し、ラードを入れて、溶け切ったら漬物を入れて炒める。
3. 漬物の水気が飛んだら、肉とにんにくを加えて一緒に炒める。
4. 肉にしっかり火が通ったら溶き卵を入れ、半熟まで加熱する。
5. ご飯を入れ、塩、うま味調味料、ねぎも加え、フライパンをあおりながらゴムベラを使って全体を混ぜ合わせる。かたまっているご飯はヘラでつぶして適宜ほぐす。
6. 2分ほど炒める。

マニアックポイント 1

漬物はたっぷりが◎

ネットでも買える中国の漬物（上）を使うと更に本格的に。漬物特有の発酵臭は、油で炒めると香ばしさに変化します。

マニアックポイント 2

豚肉でコクをプラス

「発酵食品のうまみ×肉のうまみ」で複雑な味わいに。科学的にも理に適った組み合わせです。

四、基本となる
茹で豚

茹で豚は極めてシンプルな料理ですが、適切な茹で方をマスターすると、みんなが驚くほどおいしいご馳走になります。

　豚肉はしっかり火を通さなければいけない上に、パサつきやすいという扱いが難しい肉。大事なのは、ゆっくり火入れすることです。肉のたんぱく質は、50〜70℃の温度帯をゆっくり通過すると、ふわふわ&しっとりに変化します。沸騰した湯にいきなり肉を入れるのではなく、水からゆっくり温度を上げて極上食感を目指しましょう。

　茹でた豚肉は、冷蔵すれば保存食としても優秀ですが、まずは茹で立ての一番おいしいタイミングで味わってもらいたい！　薄くスライスしてタレや辣油、ポン酢をかけて食べると最高です。

「水からゆっくり」で、
フワフワ&
しっとりに仕上げる

材料 作りやすい分量

豚バラ肉（ブロック）…500〜1000g
生姜…2かけ（30g）

作り方

1 肉を鍋に入れて、水（分量外）を肉が完全に浸かって更に3cmほど被るくらいまで加える。生姜を入れて蓋をせず中火にかけ、アクを取りながら加熱する。

2 沸騰したら落とし蓋をして、弱火にして1時間茹でる。

3 火を止めて、湯が自然に冷めるのを待ってから肉を取り出す。

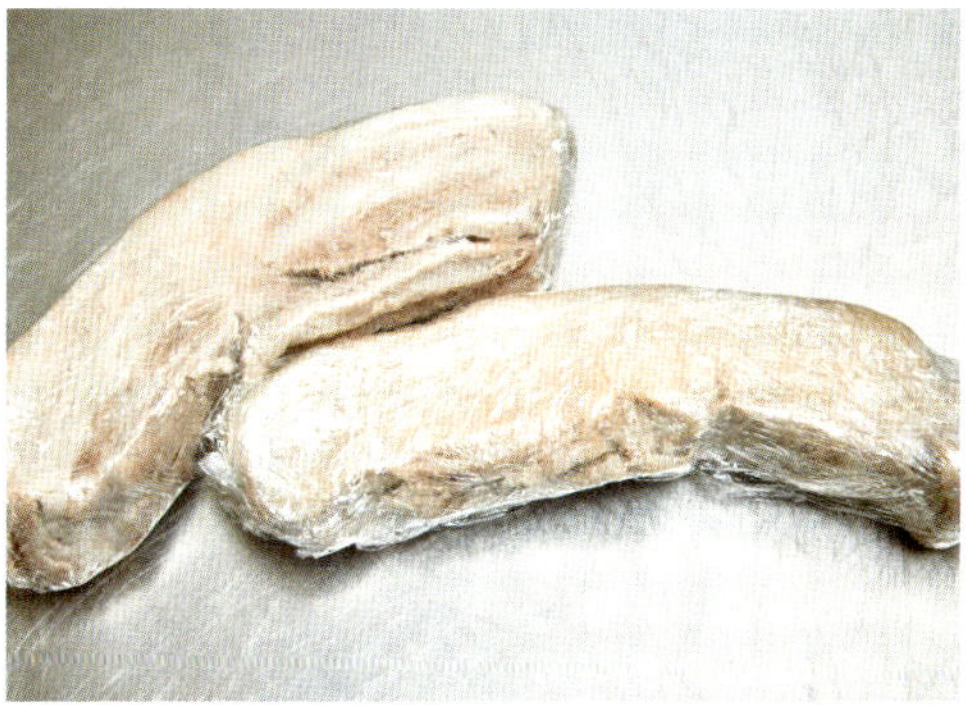

4 すぐに食べない場合は、肉が触れるくらいの温度まで下がったらラップにくるみ、冷蔵庫で保存する（4〜5日保存可能）。

茹で豚のにんにくソース

茹で豚をおいしくする最高のソースがコレ！　見た目は濃いですが、塩分濃度を控えめにしてあるのでたっぷりかけて食べるのがおすすめ。

材料　2人分

茹で豚*…適量

タレ 甜醤油バージョン

にんにく…4かけ（20g）
自家製甜醤油…大さじ2
中国黒酢…大さじ1と1/3
花椒油…小さじ1
自家製辣油…大さじ1

タレ 通常バージョン

にんにく…4かけ（20g）
老抽王…大さじ3
中国黒酢…大さじ2
紹興酒…大さじ2
花椒油…小さじ1
自家製辣油…大さじ1
五香粉（あれば）…少々
甜菜糖…大さじ1
うま味調味料…小さじ1/2

＊36ページ参照

作り方

下ごしらえ

甜醤油バージョン、通常バージョンともに、にんにくを細かいみじん切りにする。

調理

甜醤油バージョン

1 すべての調味料とにんにくをよく混ぜる。
2 茹で豚を薄く切り、**1**をかける。

通常バージョン

1 老抽王、紹興酒、甜菜糖、うま味調味料を耐熱容器に入れ、ラップをせずに600Wの電子レンジで1分加熱する。
2 うま味調味料が溶けるまでよく混ぜる。
3 残りの調味料とにんにくも入れてよく混ぜる。
4 茹で豚を薄く切り、**3**をかける。

マニアックポイント1
にんにくは「泥」になるまで刻め！

中国料理で極限まで細かく刻むことを「泥」といいます。香りと味がグッと引き立ちます。

マニアックポイント2
ラップなしレンチンでアルコール分を飛ばす

通常バージョンのタレはレンチンで加熱。苦味をなくすため、アルコール分をしっかり飛ばします。

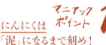

茹で豚のハーブサラダ

ハーブを多用する雲南省の料理からヒントを得たサラダ。茹で立ての豚でもよいですが、冷やした肉をおいしく食べる料理としても超優秀！

材料 2人分

- 茹で豚*…200g
- 好みのハーブ…適量
- 赤玉ねぎ…1/2個
- にんにく…1かけ(5g)
- 自家製辣油(好みで)…適量

タレ
- 中国醤油…大さじ2
- 甜菜糖…小さじ1
- うま味調味料…少々
- 塩…小さじ1/4
- レモン汁…1個分

＊36ページ参照

作り方

1. 茹で豚を薄く切る。
2. レモンを搾り、汁から種を取り除いておく。
3. レモン汁以外のタレの材料を混ぜ、600Wの電子レンジで20秒加熱する。更によく混ぜて、レモン汁を加える。
4. 赤玉ねぎを薄切りにする(なるべく薄く切る)。にんにくを千切りにし、ハーブを食べやすいサイズに切る。
5. **1**と**4**をボウルに入れ、**3**をかけて和える。
6. 皿に盛り、仕上げに好みで辣油をかける。

マニアックポイント 1
数種のハーブをミックス

香りを楽しむ料理です。手に入りやすいものを組み合わせてオリジナルの香りを作りましょう。

マニアックポイント 2
レモン汁はフレッシュさが命

レモンの皮のさわやかな香りも重要なスパイスのひとつ！必ず生レモンを使ってください。

五、基本となる
茹で鶏

パサパサ感ゼロで、しっとりジューシーな茹で鶏は本当においしい。しかしこの茹で鶏ほど、肉の火入れ温度への理解が求められる料理はありません。

鶏肉を安全に食べるためには、63℃（肉の内部温度）で30分間の加熱維持が必要とされています。つまり、そのギリギリを狙うのが一番安全でおいしい火入れなのです。

僕の作り方は、まず鶏肉を沸騰した湯に入れて茹で、肉の表面のたんぱく質をギュッとかためます。これによりプリッとした弾力を与えてやるのです。その上で、ゆっくり低温で肉の中心温度を63℃以上に上げていきます。こうすることで、弾力としっとりを両立させました。

低温調理器を使うと間違いないですが、今回は鍋で茹でる方法も紹介しています。

＊調理工程**1**〜**4**までは共通です。

材料 作りやすい分量

鶏むね肉…２枚
生姜…薄切り４枚
水…鶏むね肉の総重量の４倍
塩…水の重量の１％

作り方

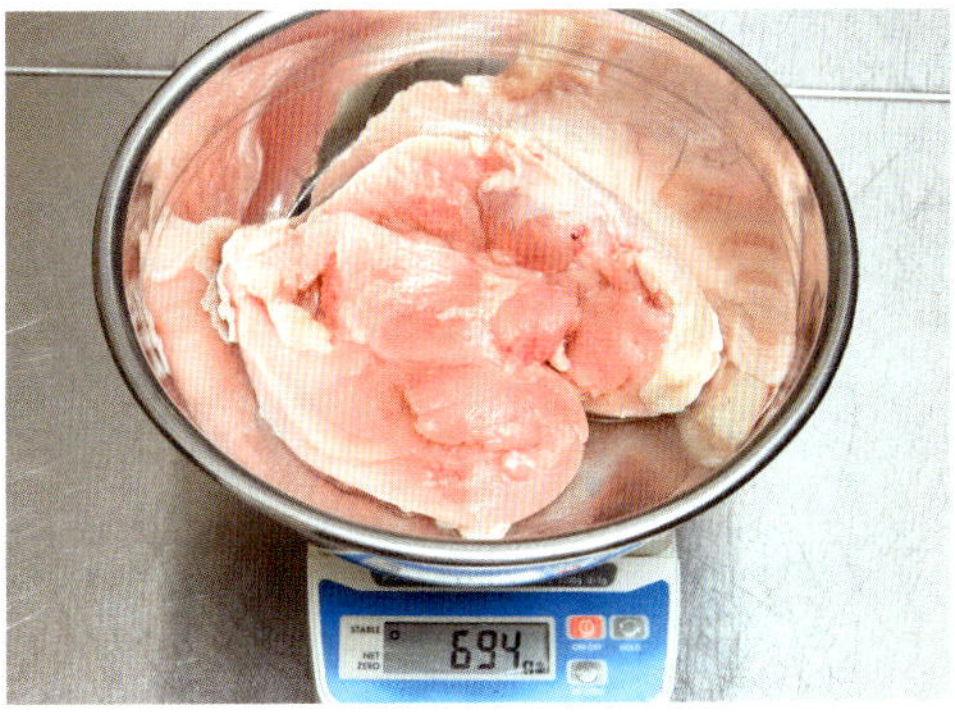

1 鶏肉を計量し、その総重量の４倍にあたる水と、水の１％の塩をはかっておく。

point! 肉は計量後、鍋に入れる直前まで冷蔵庫に入れておく。

2 塩を加えた水を鍋で強火にかけ、沸騰させていったん火を止める。肉と生姜を入れて、強火で再沸騰させる。

point! 肉が100℃に沸騰した湯にさらされることで、表面に熱収縮が起き、おいしい弾力が生まれる。

3 沸騰したらすぐに火を止めて、そのまま５分おく。

point! この間、肉にじっくり熱が入ることで肉汁が茹で汁に染み出し、同時に血の味や臭みも抜けていく。

4 肉がパンパンに膨らんだことを確認する。

＊次ページの工程に続く。

5 火を止めた状態の**4**の鍋の温度をはかり、80℃を下回っていないか確認する。

point! 5分おきくらいに確認するとよい。

そのまま鍋で仕上げる

家庭によって鍋の大きさやコンロの火力に違いがあるため、安定した完璧な火入れを実現するには慣れが必要。しっかり湯の温度をはかり、温度コントロールに注力しましょう。

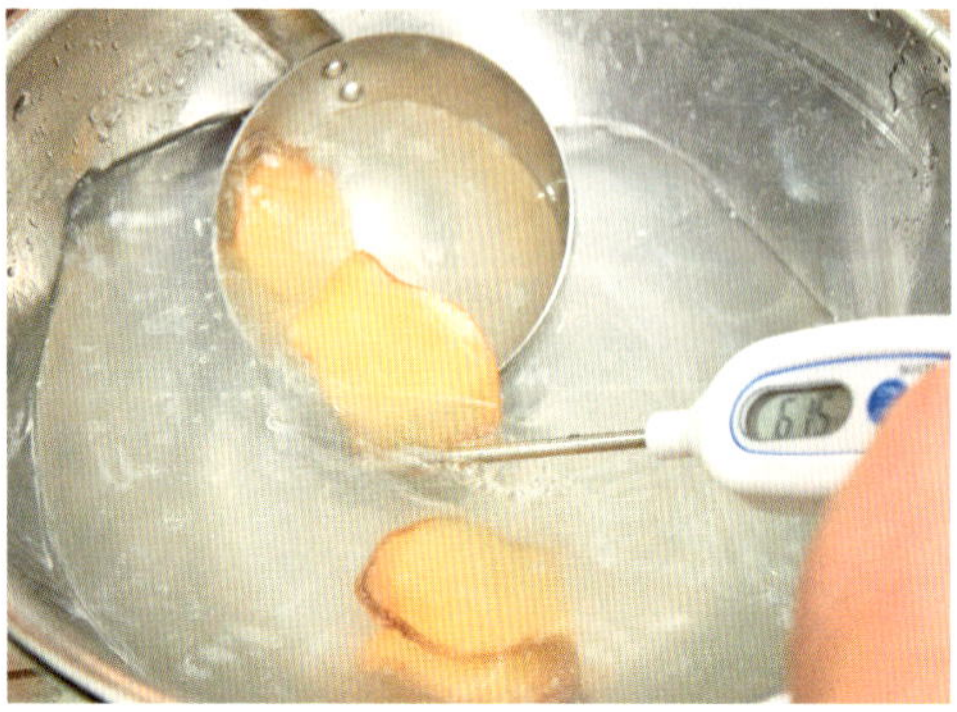

5 火を止めた状態の**4**の鍋から茹で汁と生姜をボウルに取り、60℃くらいまで冷まして粗熱をとっておく。

低温調理器を使って仕上げる

低温調理器で作る場合は、よっぽどのミスがない限り失敗することはありません。とはいえ、でき上がった鶏肉がもし生っぽく感じたら、それが消えるまで再加熱するようにしましょう。

6 もし80℃を下回ったら弱火にかけて、80℃の状態を20分キープする。

7 茹で上がった肉をバットに取り出す。すぐに食べない場合は、粗熱が取れたらラップにくるみ、冷蔵で3日間保存可能。

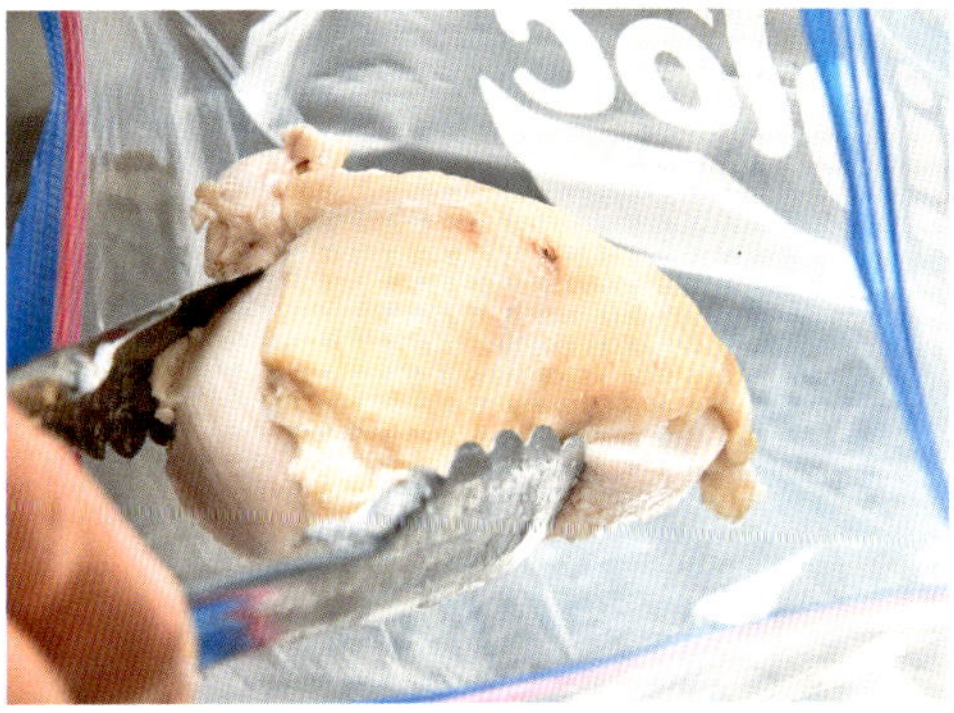

6 密閉できるジッパー付き袋に肉を入れ、茹で汁も加えて真空状態にする。

point! **1** 茹で汁は肉1枚に対し300mlが目安。多めのほうが、低温調理器にかけたとき肉に直接圧力がかかりづらくなるのでよい。**2** ジッパーの口を少し開けた状態で、水を張った大きめのボウルなどに沈め、水圧で少しずつ空気を押し出せば真空状態にしやすい。

7 鍋やコンテナなどに水を張り、低温調理器を取り付ける。加熱温度63℃、加熱時間90分にセットして**6**の袋を入れる。でき上がったら肉をバットに取り出す。すぐに食べない場合は、粗熱が取れたらラップにくるみ、冷蔵で3日間保存可能。

point! 食品安全委員会が推奨する「肉の内部温度63℃で30分間の加熱維持」に準拠し、肉を安全な温度で加熱して滅菌する。

鶏肉料理の理想系

レモンハーブ鶏

しっとり茹で鶏に香草と生レモンが好相性

雲南省らしい、ハーブ中華。さっぱり食べられるサラダとしても優秀ですが、実はご飯とよく合う！ メインのおかずとしても試してみてください。

材料（2人分）

- 茹で鶏[*1]…1枚
- 好みのハーブ[*2]…適量
- ししとう…4本
- 生姜…1かけ（15g）
- 青じそ…4枚

タレ

- にんにく…1かけ（5g）
- 中国醤油…小さじ1
- レモン汁…1/2個分
- 甜菜糖…小さじ1/4
- うま味調味料…小さじ1/4
- 自家製滷水[*3]…大さじ3

＊1 40ページ参照
＊2 ここではバジル、ミント、ディル、ルッコラを使用
＊3 滷水を使用しない場合は、鶏の茹で汁45mlと塩1.5gで代用する。

作り方

1. にんにくをみじん切りにし、ほかのタレの材料とよく混ぜて甜菜糖とうま味調味料を溶かし切る。
2. 茹で鶏を2〜3mmくらいの厚さに切る。
3. 好みのハーブをそれぞれ食べやすい大きさに手でちぎる。
4. ししとうは細い輪切りにし、生姜は千切り、しそはざく切りにする。
5. ボウルにすべての材料とタレを入れて、両手を使ってやさしく和える。

マニアックポイント 1

レモン汁は必ず果実から

鶏肉の臭みを消すのにレモンの香りが超有効！ ぜひ生レモンを使ってください。

マニアックポイント 2

肉はなるべく薄く

ハーブのしなやかな食感と合わせるため、鶏肉はできるだけ薄く切るようにします。

大量の細切りきゅうりで
後味さっぱり

コク深い甘辛ダレの よだれ鶏

茹で鶏を使った代表料理といえば、よだれ鶏。辣油をたっぷりかけるぶん、タレはやや甘めに仕上げます。レシピを2種紹介しているので、お好みで。

材料 2人分

茹で鶏*…1枚
きゅうり…1本
ピーナッツ…適量
パクチー…（好みで）適量

タレ 甜醤油バージョン

自家製甜醤油…大さじ1
花椒油…小さじ1
自家製辣油…大さじ2

＊40ページ参照

タレ 通常バージョン

にんにく…1/2かけ（2.5g）
老抽王…大さじ1
中国黒酢…小さじ1
花椒油…小さじ1
自家製辣油…大さじ2
甜菜糖…小さじ1
うま味調味料…少々

作り方

共通

きゅうりをなるべく細く千切りにして皿にのせ、その上に1cmの厚さに切った茹で鶏を並べる。タレをかけて、仕上げに細かく刻んだピーナッツと、食べやすい大きさに切ったパクチーを好みで散らす。

甜醤油バージョン

甜醤油、花椒油、辣油を混ぜる。

通常バージョン

1 老抽王、黒酢、甜菜糖、うま味調味料を耐熱容器に入れて、ラップをせずに600Wの電子レンジで20秒加熱する。
2 よく混ぜてうま味調味料を溶かし切る。
3 にんにくをすりおろし、2に入れて、更に花椒油、辣油を加えて混ぜる。

マニアックポイント 1

きゅうりは細切りで本領発揮

細ければ細いほどタレが絡みやすくてうまい！

六、四川のガチ現地式

汁なし担々麺

中国全土で膨大な数の汁なし担々麺を食べ歩いたなかで、そのおいしさに衝撃を受けた店がありました。帰国してから、僕がその担々麺を作るなら……とアレンジして開発したのがこのレシピ。

日本の担々麺のようにごまが主体ではなく、中国醤油のうまみとコクがストレートに麺に絡みつき、シンプルながらガツンとした味わいになっています。日本ではまず食べられない味！

クセになるうまみと辛さ。現地の味を完全再現！

材料 1人分

中華麺(生麺タイプ)
…1玉(130g)
肉みそ[*1]…50g
さやいんげん…5本
にんにく…1かけ(5g)
担々麺タレ[*2]…小さじ2と1/2
自家製辣油…大さじ1
花椒油…小さじ1/2

＊1 肉みその材料

豚ひき肉…300g
片栗粉…大さじ1
水…大さじ2
サラダ油…大さじ1
肉みそ用合わせタレ
みそ…30g
老抽王…小さじ1
紹興酒…大さじ1
五香粉…小さじ1/4
甜菜糖…小さじ2
うま味調味料…小さじ1/4
水…50ml

※多めに仕上がるので、余りは密閉容器に入れて冷蔵で保存する(約4日保存可能)。使うときは、必要量のみ電子レンジで温める。

＊2 担々麺タレの材料

中国醤油…大さじ2
老抽王…大さじ4
中国黒酢　大さじ1
甜菜糖…小さじ1
うま味調味料…小さじ1

※多めに仕上がるので、余りは密閉容器に入れて常温で約1年保存可能。

作り方

下ごしらえ

・いんげんを沸騰した湯で20秒茹で、粗熱が取れたら5mm幅の小口切りにする。
・にんにくはなるべく細かくみじん切りにする。
・麺を茹でる湯を沸かしておく。

肉みそ作り

1 肉みそ用合わせタレをすべて混ぜ合わせる。片栗粉は分量の水で溶いておく。フライパンにサラダ油をひいて強火で肉を炒め、全体の表面が白くなったら肉みそ用合わせタレを加えて1分ほど煮詰める。

2 いったん火を止めて水溶き片栗粉を入れ、再沸騰させて全体を軽く練る。

担々麺タレ作り

担々麺タレの材料をすべて混ぜ合わせ、耐熱容器に入れて、蓋をせずに600Wの電子レンジで1分20秒温める。よく混ぜて調味料を溶かし切る。

point! レンジで加熱すると調味料が焦げず、すっきりした味に。

調理

1 麺を、パッケージに記載されている茹で時間を参照して茹で始める。

2 どんぶりににんにく、担々麺タレ、辣油、花椒油を入れる。(どんぶりは事前にお玉1杯の湯を注ぎ、1分ほど経ったら捨てて温めておく)

3 茹で上がった麺をざるにあげ、よく湯切りして**2**のどんぶりに入れる。

4 麺の上にいんげん、肉みそをのせる。好みで辣油(分量外)をかけて、思いきりよく混ぜながら食べる。

七、基本となる 手作り包《パオ》子《ズ》の皮

初めて中国で包子を食べたとき、餡（具材）のシンプルさと豊富な種類に驚いたのですが、皮のうまさにも驚嘆！　ここではそんな皮のおいしさもしっかり感じられるレシピを紹介します。

具材のうまみも香りも
しっかり閉じ込める、
伸びのよい生地

材料 皮約50g×4個分

粉
- 強力粉…30g
- 薄力粉…100g
- 甜菜糖…15g
- 塩…1g
- ドライイースト…2g
- ベーキングパウダー…2g

牛乳…30g
水…大さじ2と1/3
サラダ油…大さじ1/2
好みの餡*…適量

＊50〜52ページ参照

マニアックポイント 1

薄力粉10:強力粉3が最強包子生地の配合！

口溶けをよくする薄力粉、グルテンを形成して生地の伸びをよくする強力粉、この2つの粉のバランスが極めて重要！ 何度も試してたどり着いた、「ハリがあるけど口の中でサラリと溶ける」のがこの配合です。

作り方

生地を作る

1 牛乳と水を混ぜ、耐熱容器に入れてラップをせず600Wの電子レンジで40秒加熱しておく。
ボウルに粉の材料をすべて入れてよく混ぜる。

2 粉に加熱した牛乳と水を4回くらいに分けながら加え、菜箸で混ぜる。

3 手でしっかり混ぜていく。

4 粉が水分を吸ってまとまってきたら、油を加えてしっかり混ぜる。

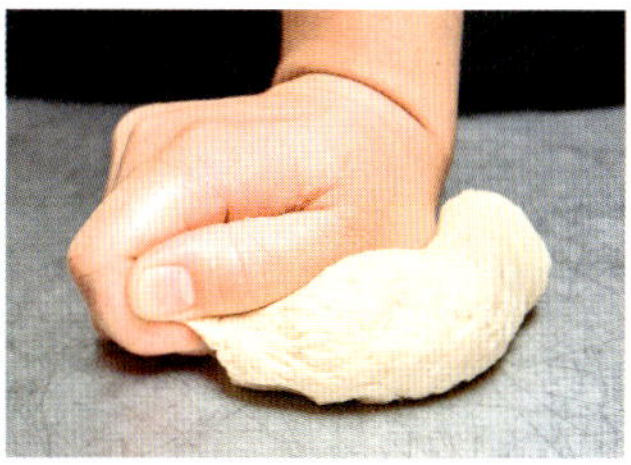

5 生地をひとまとめにして、作業台に移し更にこねる。

point! 小麦粉のグルテンを形成するためには強い力が必要。手首に近いほうにグッと力を入れ、伸ばすようにこねる。

6 こね上がった生地を丸くまとめてボウルに入れる。

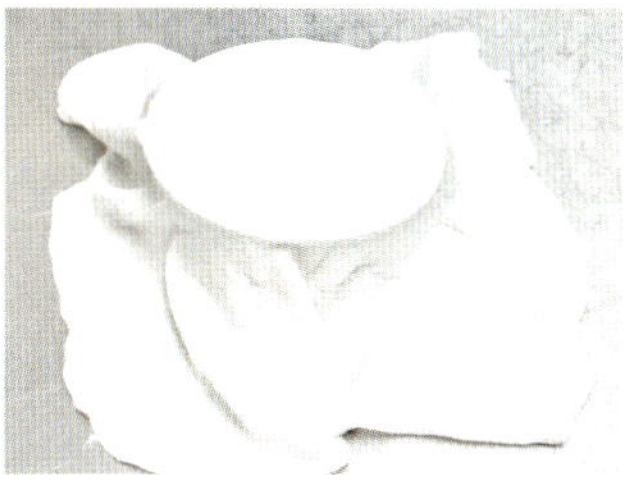

7 かたく絞った濡れ布巾をかけて、30～60分おいて一次発酵させる。

point! 寝かせる時間は室温や湿度などの条件により異なる。温度が高いほど発酵にかかる時間が短くなるため、夏は30分を目安に、冬は60分を目安にする。

餡を包む

1 一次発酵させた生地を約50gずつ計量する。打ち粉を振った作業台に生地をのせ、麺棒で伸ばして正円にして、餡を中心に置く。

2 生地を指先でつまみ上げて、一方向に向かって少しずつ重ねてヒダを寄せて餡を包んでいく。

3 すべて包めたら、最後にしっかり生地の上部をつまんで閉じる。

サクサク&プリッ えびの包子

れんこんと肉で王道のえび餡をリミックス

プリッとしたえびの弾力にれんこんを加えることで、いろんな食感を楽しめる餡に！ 更に豚肉を加えて味わいに深みを出しています。

材料（4個分）

- 包子の皮（生地）＊…約200g
- むきえび…75g
- れんこん…40g
- 豚ひき肉…75g
- 生姜…1/3かけ（5g）
- オイスターソース…7g
- 塩…1.5g
- ラード…8g

＊48ページ参照

作り方

1. えびは背の部分を浅く切って背わたを竹串などで取り、2cm角に切る。れんこんは皮をむき、1cm角の大きめのみじん切りにする。
2. 生姜をすりおろす。
3. 肉にオイスターソース、塩を加え、軽く粘り気が出るまで混ぜる。
4. **3**に**1**と**2**、ラードを入れてよく混ぜる。
5. **4**の餡を約50gずつ計量し、団子状にまとめる。
6. 一次発酵させた生地を4等分にし、薄く伸ばして餡を包んでいく（包み方は49ページ参照）。
7. 蓋付きの容器に入れ、30分寝かせて二次発酵させる（発酵機能付きのオーブンレンジがある場合、35℃で30分発酵させる）。
8. 蒸気の上がった蒸し器に**7**を並べ、中火で20分蒸す。

マニアックポイント 1

れんこんは食感を意識してカット

餡の重要なアクセント！ 多少「大きいかな…」と思うくらい、大胆にカットしましょう。

熱狂ラードの 豚こま包子

日本では、たけのこやしいたけ、玉ねぎが入った餡がおなじみですが、「肉＋ねぎ＋生姜」のみが本場式。ラードで肉汁感もアップ！

材料（4個分）

包子の皮（生地）*…約200g	オイスターソース…10g
豚こま肉…150g	塩…1g
長ねぎ（白い部分）…1/5本	胡椒…3振り
生姜…2/3かけ（10g）	ラード…15g

＊48ページ参照

作り方

1. ねぎは粗みじん切りにし、生姜はすりおろしか粗みじん切りにする。
2. 肉を粗いみじん切りにする。
3. **2**にオイスターソース、塩、胡椒を加え、軽く粘り気が出るまで混ぜる。
4. **3**にねぎ、生姜、ラードを入れてよく混ぜる。
5. **4**の餡を約50gずつ計量し、団子状にまとめる。
6. 一次発酵させた生地を4等分にし、薄く伸ばして餡を包んでいく（包み方は**49**ページ参照）。
7. 蓋付きの容器に入れ、30分寝かせて二次発酵させる（発酵機能付きのオーブンレンジがある場合、35℃で30分発酵させる）。
8. 蒸気の上がった蒸し器に**7**を並べ、中火で20分蒸す。

マニアックポイント 1 「最初に調味料」で餡に粘りを出す

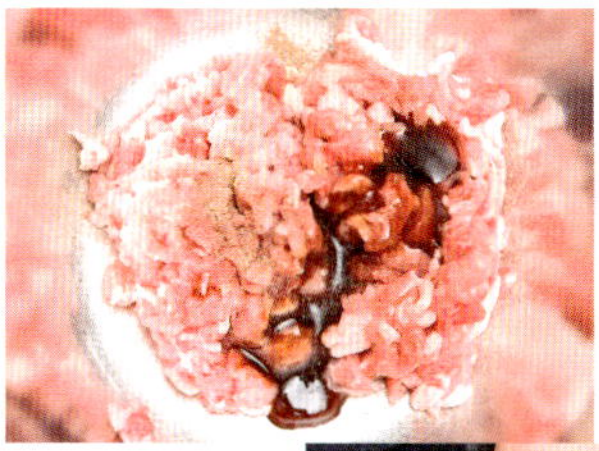

肉に塩を加えてこねると、たんぱく質が溶けて粘りが出て、餡にまとまりが生まれます。

手作り包子の応用

風味のかたまり きのこの包子

包子は餡を生地で密閉して加熱するため、噛んだときに香りが一気に爆発します。それを最大限に生かした、きのこの風味が溢れる包子です。

材料 4個分

- 包子の皮（生地）*1…約200g
- きのこ*2…90g
- 豚ひき肉…90g
- にんにく…1かけ（5g）
- オイスターソース…10g
- 塩…1.5g
- ラード…8g

*1 48ページ参照
*2 ここではまいたけ、しいたけを1:1でブレンドして使用。

作り方

1. きのこを粗みじん切りにする。
2. にんにくをみじん切りにする。
3. 肉にオイスターソース、塩を加え、軽く粘り気が出るまで混ぜる。
4. **3**に**1**と**2**、ラードを入れてよく混ぜる。
5. **4**の餡を約50gずつ計量し、団子状にまとめる。
6. 一次発酵させた生地を4等分にし、薄く伸ばして餡を包んでいく（包み方は**49**ページ参照）。
7. 蓋付きの容器に入れ、30分寝かせて二次発酵させる（発酵機能付きのオーブンレンジがある場合、35℃で30分発酵させる）。
8. 蒸気の上がった蒸し器に**7**を並べ、中火で20分蒸す。

マニアックポイント 1

きのこ＋にんにくが味のキモ

きのこだけだと、風味はよいけどパンチが足りない…。そこで、にんにくを合わせて力強い味に！

マニアックポイント 2

きのこのブレンド具合で好みの味に

きのこは、組み合わせたほうがうまみをより強く感じます。香りが高い、まいたけがおすすめ！

生地のうまみを存分に味わう

手作り包子の生地を使った

花巻（饅頭）

具材を包まずそのまま蒸した花巻（饅頭）は、生地のおいしさをダイレクトに楽しめます。粉本来のうまみと、牛乳のほのかな甘みが、どこか安心する味です。

材料 8個分

包子の皮（生地）*…約200g

*48ページ参照

作り方

1. 一次発酵させた包子の生地を8等分に分け、麺棒を使って縦長に伸ばす。
2. 指やハケで生地全体に薄くサラダ油（分量外）を塗って、端からくるくると巻いていく。
3. 蓋付きの容器かバットに並べラップをかけ、30分寝かせて二次発酵させる。
4. 蒸気の上がった蒸し器に**3**を並べ、中火で15分蒸す。

そのまま食べるのはもちろん、具材をのせて食べてもおいしい！

Column 1

中国の包子はシンプルがゆえにどこまでも奥深かった！

包子は中国で食べられる最もポピュラーな点心のひとつ。

種類豊富な中国のファーストフード

中国人にとっての包子は、日本におけるおにぎりかもしれない。街のいたるところで買うことができて、その場で食べるもよし、テイクアウトするもよし。そして、バリエーションも非常に豊か。大きな肉がごろっと入ったもの、もち米をシュウマイの皮で包んで蒸したもの、きのこだけのもの…などなど。ちなみに、雲南省で食べたあんまんがものすごくうまかった！　紅糖という黒糖に近い精製度の低い砂糖を使っているため、甘みの中に〝おいしい雑味〟があって味が複雑。そして後味がほんのりビター。この後味が甘ったるさを切ってくれて、いくらでも食べられる！

薔薇の名産地でもある雲南省で出会った饅頭。なんと、蜜に漬けた花びらが生地に練り込まれている。噛むと鮮烈な香りがブワッと広がり、甘さは控えめ。唯一無二の感動の味！

本場の肉包子は餡が潔い。例えばこの店は肉とニラだけ。味付けも塩とうま味調味料のみ。しかし、これが実にうまい…。

地元の人も連日並ぶ確実に世界一のえび包子

おそらく青島（山東省）で一番人気の包子店。行列が途切れることはなく、竹の蒸籠で常に大量の包子を蒸し続けている。具材もかなりの種類があって、ワカメたっぷり包子、青菜だけの包子など、どれを食べても気を失いそうになるレベルのうまさ！　特に名物のえび1匹まるごと入った包子は、肉餡にえび味噌がたっぷり練り込まれており、濃厚で激ウマ！　生臭さは一切ない。いたく感動して行列に並び直して3つ食べた。

えびがまるっと入ったえび包子は、噛むとえび味噌の汁が洪水のように口に流れ込む。

二章 王道家中華の最強レシピ

炒め物、揚げ物、麺、ご飯物、デザート……。
家中華のおなじみのジャンルからメニューを厳選。
僕のイチ推しのレシピで、
これまで出会ったことのない味を楽しんでください。

上海で食べた茹でレタス

材料（2人分）

- ロメインレタス（葉）…8枚
- にんにく…1かけ（5g）
- 赤唐辛子ホール…1本
- ラード…15g
- タレ
  - 中国醤油…小さじ1
  - オイスターソース…小さじ2
  - 水…小さじ1

マニアックポイント 1　苦味のある外葉を使う

ロメインレタスは外側の葉ほど苦味があり、味がしっかりしています。オイスターソースベースの濃いタレとのバランスを考慮して、外葉を使います。

マニアックポイント 2　レタスは繊細！ 加熱は湯で間接的に

レタスは一瞬で火が入る繊細な野菜。鍋で茹でると1秒も経たずに火が通り過ぎてしまいます。そこで、湯をかけることでやさしく加熱して、程よいシャキシャキ感を残します。

作り方

下ごしらえ

- ロメインレタスの葉を1枚ずつ外しておく（芯に近い白い葉は使わない）。
- にんにくはみじん切りにする。
- 唐辛子はキッチンバサミで細い輪切りにする。
- タレを混ぜておく。
- 湯を約300ml沸かしておく。

調理

1. レタスの葉をなるべく重ならないようにざるに並べ、お玉で湯を2〜3杯かけてしなっとなったら、仕上げ用の皿に盛り付けていく（2〜3枚ずつおこなう）。
2. フライパンにラードを入れて中火で熱し、溶けたら唐辛子、にんにくを入れて軽く炒める。
3. にんにくが茶色くなったらタレを加え、ジュワーと音がするくらい熱されたら、すぐに**1**のレタスにかける。

マニアックポイント 3　タレは熱いうちにかける！

湯をかけただけのレタスはそれほど熱くはなりません。しかしこの料理はやはり熱々がおいしいので、フライパンでよく熱したタレを豪快にぶっかけてください。この躍動感がまさに中国料理！

熱々のタレで、瞬間的に
レタスのうまさを引き出す！

中国には1杯２００円程度で食べられる、屋台と店舗の中間のような麺屋がたくさんあります。そうした麺屋のサイドメニューによくあるのが、茹で野菜のオイスターソースがけ。青梗菜など青菜系が多いのですが、上海を訪れたときレタスを使ったものが出てきたのです。

正直、「いやいや、レタスを茹でちゃったら味が抜けておいしくないでしょ……」と思いながら口にしたら驚き！　レタスがシャキシャキで苦味も残っており、濃いソースと実に合う！

帰国してから何度も試作してみたけれどうまくいかず、あるとき、茹でるのではなく湯をかける方式を試したら現地の味１００％のクオリティに！　レタスがご馳走になるので、ぜひとも試してほしいです。

圧倒的香ばしさ

目玉焼きのサラダ

材料（2人分）

卵…2個
きゅうり…1本
赤玉ねぎ…1/2個
トマト…1個
パクチー…適量
にんにく
…1/2かけ（2.5g）
レモン汁…1個分
塩…下処理した野菜
（きゅうり、赤玉ねぎ、
トマト、パクチー）の
総重量の1％
うま味調味料…少々
ごま油…小さじ1
サラダ油…大さじ1

マニアックポイント 1 にんにくは、火を入れて辛みをマイルドに

力強い味にするため、にんにくはぜひ入れたいところ。でも生だと辛味が気になる。そこで、火を少し入れてやることで辛味やきつい匂いをやわらげます。

マニアックポイント 2 油ごとかけて、香ばしさとさっぱりのバランスアップ！

ドレッシングの要素は、塩・酢（レモン）・油。ここに卵を焼いた香ばしさ満点の油をかければ一気にパワフルな味に。

作り方

下ごしらえ

・きゅうりは縦に包丁を入れて半分に切ってから、薄切りにする。
・赤玉ねぎを薄切りにし、パクチーを食べやすい大きさに切る。
・トマトはへたを取り1cm程度の角切りにする。
・にんにくをみじん切りにする。
・レモンを搾り、汁から種を取り除いておく。
・切った野菜の総重量の1％の塩を計量しておく。

調理

1 切った野菜をボウルに入れて、塩とうま味調味料で和える。
2 フライパンにサラダ油とごま油をひいて中火で熱し、卵を割り入れて目玉焼きを作る。
3 卵にある程度火が通ったら、にんにくを入れて一緒に軽く火を通す（黄身は加熱し過ぎると乳化作用が弱まるため、完全にかたくなるまで火を入れない）。
4 **1**の野菜に**3**を油ごとかける。
5 レモン汁も加えて、目玉焼きをつぶしながら全体を和える。

マニアックポイント 3 目玉焼きは盛る前につぶすべし

黄身をヘラを使ってしっかりつぶしながら野菜、調味料と混ぜましょう。

シンプルな料理に油と卵で奥行きを与える

中国・雲南省で食べて猛烈に感動したサラダです。ベースはきゅうり、トマト、玉ねぎなどが入った特に代わり映えのしないサラダで、市販のドレッシングのようにいろんな調味料も使わず、塩、レモン、にんにくと油を和えただけのシンプルさ。それが目玉焼きが入ることで別次元の豊かな味わいが生まれるのです。その力強い味に、ご飯がモリモリ進むほど！

家で作りながら、なんでこんなにおいしいの？　と分析してみたら、卵の黄身の乳化作用をうまく生かしているのだと気付きました。野菜の水分とレモン汁と油は、本来混ざりにくいものですが、黄身を加えることで結びつき、マイルドかつ食べごたえのある味わいに進化しているのです。ちょっとしたことだけど大発明だと思いました。

タレの黄金比
中華風冷や奴

中国にはいろいろな種類の豆腐がありますが、冷や奴に使われている多くは、かたくて密度の高い絹ごし豆腐。水っぽさがないためタレを薄めることなく、キリッとした味に仕上がっています。また、豆腐自体の味も濃いため、タレや辣油に負けず、全体のバランスがよい。家で作るときは、豆腐をしっかり水切りするようにしましょう。

マニアックポイント 1

豆腐の水切りは絶対条件！

味が水っぽくボヤけてしまわないように、事前の水切りは必須！ 仕上がりが全然違います。

マニアックポイント 2

レモン汁は生を使うべし！

搾り立てのフレッシュな香りが料理に精彩を与えます。

材料（2人分）

- 絹ごし豆腐…1丁（300〜350g）
- 長ねぎ（白い部分）…適量
- パクチー…適量
- ピーナッツ…適量
- にんにく醤油*
  - 中国醤油…100ml
  - にんにく…2かけ（10g）

タレ

- にんにく醤油…大さじ1
- 自家製辣油…小さじ2
- レモン汁…1/2個分

*余ったら密閉容器に入れて冷蔵で約半年保存可能。よだれ鶏（45ページ）などにもおすすめ。

作り方

下ごしらえ

- 豆腐をクッキングペーパーなどに包み、500g程度の重りをのせて10分ほどおいて水切りをする。
- ねぎは好みのサイズに切っておく（白髪ねぎにするのがおすすめ）。
- パクチーを食べやすい長さに切る。
- ピーナッツを軽く刻んでおく（皮が一部残るくらいが食感的にもよい）。
- レモンを搾り、汁から種を取り除く。
- にんにく醤油を作る。にんにくを刻み、蓋付き容器に入れて醤油を注ぐ。

調理

1. にんにく醤油に辣油、レモン汁を入れて混ぜ、タレを作る。
2. 水切りした豆腐を4つに切る。
3. **2**にねぎ、パクチーをのせる。
4. **1**をかけ、ピーナッツを散らす。

唯一無二の相性

ピーマンとピータン豆腐

生臭さを消し、
まろやかさを引き出す
最強コンビの発見

材料（2人分）

絹ごし豆腐…1丁（300〜350g）
ピータン…1個
ピーマン…2個
にんにく…1/2かけ（2.5g）
中国醤油…小さじ1/2
中国黒酢…小さじ2
花椒油…小さじ1/2
うま味調味料…少々
塩…小さじ1/2
サラダ油…大さじ1
パクチー…適量
自家製辣油…小さじ2

作り方

下ごしらえ

- 豆腐をクッキングペーパーなどに包み、500g程度の重りをのせて10分ほどおいて水切りをする。
- パクチーを食べやすい長さに切る。
- にんにくをみじん切りにする。

調理

1. ピータンの殻をむき、粗みじん切りにする。
2. ボウルで**1**のピータンとにんにく、醤油、黒酢、花椒油を混ぜる。
3. ピーマンは縦半分に切ってへたと種を取り除き、更に縦に切り6等分にする。
4. フライパンに油をひいて、ピーマンを強火で炒める。
5. ピーマンに火が通ったら塩とうま味調味料で味付けし、しんなりしたら**2**のボウルに加え、よく混ぜてねっとりさせる。
6. 皿に水切りした豆腐を盛り、**5**をのせる。更にパクチーと辣油をかけて仕上げる。

マニアックポイント 1

ピータンは怖くない！

敬遠しがちなピータンですが、特殊な下ごしらえは不要！ 水で流しながら殻をむくだけ。

マニアックポイント 2

混ぜて互いのよさを引き出す！

ピータンの独特な硫黄臭を、ピーマンと合わせることで完全排除！

中国・雲南省のデパートのフードコートで、クタクタに焼いたピーマンにつぶしたピータンを和えたサラダを食べたことから発想したレシピです。ピーマンと合わせることで、ピータン独特の生臭さが完全に消える驚きの一品。

しかも、ピータンの黄身のコクがピーマンの苦味と絶妙にマッチして、お互いのよさを完璧に高め合っています。その相性のよさに衝撃を受けること間違いなし！

シンプルな最強前菜 老《ラオ》虎《フー》菜《ツァイ》

材料 4人分

きゅうり…1本
青唐辛子*…2本
パクチー
…1束（約100g）
ピーマン
…3〜4個
塩…下処理した野菜の総重量の1%
うま味調味料…少々

＊生の青唐辛子がない場合は、そのぶんピーマンを増やしてもよい（青唐辛子1本＝ピーマン1個とする）

マニアックポイント1 野菜は繊維に沿って細く！細く！細く！

シンプルな料理だからこそ、野菜の切り方による味の違いが大きく出ます。できる限り細く切ることで、口当たりがやわらかく、上品に仕上がります。

マニアックポイント2 塩は野菜の1%

老虎菜は"最強のわき役"料理。味が濃かったり油が多い料理の超優秀リセッターです。そのため、塩分濃度は少し低めが◎。しっかりはかって入れましょう。

作り方

下ごしらえ

・きゅうり、青唐辛子、ピーマン（へたと種を取り除く）は長さを揃えてなるべく細く千切りにする。
・パクチーを他の野菜と同じ長さに切る。
・野菜全量の重さをはかり、その1%の塩を計量しておく。

調理

1 切った野菜をボウルに入れ、塩とうま味調味料を加えてやさしくまんべんなく和える。

2 食べる直前まで冷蔵庫で冷やしておく。

マニアックポイント3 とにかくそっと和える

折れてしまうと箸でつかみづらく、また食感も変わってしまうため、慎重に和えます。多少混ざってなくてもよいので、とにかくやさしく！

極限まで減らした調味料と
切り方で、超繊細食感！

数ある中国料理の中でも、トップクラスに洗練された美しさを持つと僕が考えるのがこの料理。野菜を使った冷菜の王者だと思います。

きゅうり、パクチー、青唐辛子などを塩で和えただけですが、この相性が凄まじい。3種の野菜のマッチングの素晴らしさを、これ以上ないくらいに鮮烈に味わえるのです。

にんにくや酢を入れない点も素晴らしい。入れてもおいしいのですが、ないほうが〝味のキレの峰〟が高い。これぞ洗練の極みです。

シンプルゆえに、工程のポイントをしっかり守ってほしいと思います。野菜の細さが足りなければまったく別の料理になってしまいます。生の青唐辛子がなければピーマンだけでもおいしく、また、ししとうを組み合わせるのもアリです。

牛脂で作る 麻《マー》辣《ラー》ピーナッツ

四川省の大人気おやつ。最近では日本のコンビニでも見かけます。

買ってきたものでもいいけれど、自分で作ると「麻（花椒の辛さ）」と「辣（唐辛子の辛さ）」の量とバランスを完全に調整できるのが楽しい！ 僕は麻辣マニアなので、超麻辣で作ってヒーヒー言いながら食べてます。今回のレシピでは程よく効かせてみたので、ぜひ好みのレベルに調整してみてください。

そして、牛脂を使ったこともこのレシピのポイント。牛脂×麻辣の風味は最強！ 香りの相性も楽しめます。

マニアックポイント 1

唐辛子＆花椒は弱火でじっくり

唐辛子と花椒は加熱すると香りが倍増！焦がすと台無しなので慎重に。

マニアックポイント 2

塩を振ったらそのまま放置！

熱いうちに揺すったりすると油とともに塩が流れ落ちてしまうため、定着するまで待ちます。

材料 作りやすい分量

ピーナッツ*…100g
赤唐辛子ホール…3本
花椒ホール…大さじ1/2
塩…小さじ1/2
うま味調味料…少々
牛脂…10g
サラダ油…大さじ1

*茶色い薄皮付きのものがよい。

油を牛脂にするだけで味の厚みが一気にアップ！

作り方

下ごしらえ

・ピーナッツの薄皮をむく。
・唐辛子をキッチンバサミで1cm幅の輪切りにする。

調理

1 フライパンを中火で熱し、油と牛脂を入れ、弱火にして牛脂を溶かす。

2 弱火のまま唐辛子と花椒を入れて、ゴムベラで小まめにかき混ぜながら炒めて全体に火を通す。

3 唐辛子が茶色くなったらピーナッツを加えて、一緒に炒る。

4 ピーナッツにうっすら焼き色が付いたら、バットか平皿にあげ、塩とうま味調味料をまんべんなく振りかけて自然に冷ます。

香味を無限に楽しむ

滷《ルー》水《スイ》枝豆

自家製の中国調味液で
定番おつまみをアレンジ

材料
作りやすい分量

枝豆*…1袋
自家製滷水…適量

*冷凍枝豆でも可。その場合、冷凍のまま滷水に漬ける。

作り方

下ごしらえ

・枝豆のさやの端をキッチンバサミでカットしておく。

調理

1 湯を沸騰させ、枝豆を2分茹でる。

2 ざるにあげて、枝豆が熱いうちに冷たい滷水に漬け、3時間以上おく。冷蔵で5日間保存可能。

マニアックポイント 1　さやの両端を切る手間を決して惜しまない

両端を切り落とすことで、味の染み具合が段違いに変わります。面倒でも細かな下処理が大事！

マニアックポイント 2　冷たい滷水に長時間漬ける

豆は冷たいほうが食感がコリコリします。しっかり冷やして食べると、おいしさ倍増！

中国の居酒屋の超定番おつまみです。気前のよいお店では無料で提供してもらえたりします。

茹でた枝豆は塩を振って食べる考えしかなかった僕にとって、これが衝撃的な料理でした。枝豆を味わい豊かな滷水に漬けることで、塩分濃度が完璧なバランスに調整されるのです。枝豆×スパイスの相性も実にいい！　手が止まらなくなるおいしさです。

ぜひ滷水を作って（13ページ）、この料理を試してほしいと思います。多めに作っておけば保存が利くのも嬉しい。

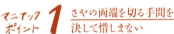

できたてがうまい 自家製豆腐

豆腐は中国が発祥と言われ、この本にも豆腐を使ったレシピがいくつか登場しますが、自分で作った豆腐を使えば一気にレベルアップ！

　自家製豆腐は甘く、極めてなめらか。特に熱々のでき立ては、それだけでご馳走です。

　注意したいのは、凝固剤であるにがりのマグネシウム濃度が商品によって違うこと。僕も最初気づかず、いつもと違うにがりを使って作ったら全然かたまらない！　下記を参照しながら作ってみてください。

必要なにがりの量の計算方法（東山式）

一般的に、豆腐を作るときの豆乳に対するにがりの目安は1%と言われているが、にがりに含まれるマグネシウムの量が商品によって異なるため、上手くかたまらないことがある。

何度も試作した結果、僕が目指す「適度なかたさがあって口当たりもなめらかな豆腐」を作るには……
豆乳1gあたりマグネシウム0.4mgとして、必要なにがりの量を計算して作ると、失敗ゼロに！

［本レシピでの計算例］

豆乳1g：マグネシウム0.4mg

↓

豆乳500gならばマグネシウム200mgが必要

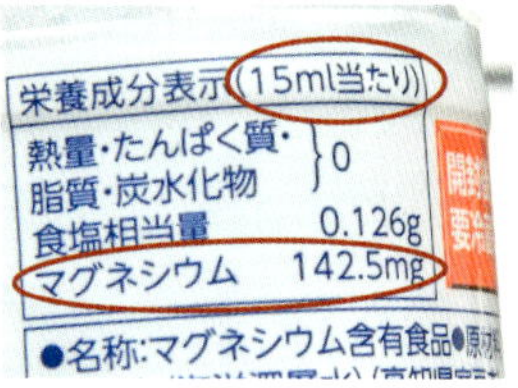

今回使うにがりのパッケージ裏の成分表を確認すると「15mlあたり142.5mg」とあるため、この商品には「にがり1mlあたり9.5mg」のマグネシウムが含まれているとわかる。

→200 ÷ 9.5 ＝約21ml（約26.3g*）
が、今回必要なにがりの量！

にがりのマグネシウム濃度を計算した完璧な口当たり

＊にがりの比重を平均的な1.25として計算。

材料 4〜5個分（約150ml容器）

成分無調整豆乳*…500g
にがり…使用する商品によるため、右ページ参照

＊豆乳は、原材料が大豆のみの無調整豆乳を使用する。大豆固形分の割合が高いものがおすすめ。

作り方

下準備

蒸し器を温めておく。

調理

1 豆乳をボウルに入れて、にがりを加える。

2 ゴムベラで右周りに10回、左周りに10回、ゆっくりかき混ぜる。

3 すぐに容器に注ぎ入れる。

point! 100〜130gぐらいずつ器に注いで蒸すのが、かたまりやすくておすすめ。

4 ラップをして、蒸し器に入れて、弱火で20分加熱する。

5 しっかりかたまったことを確認してから取り出す。

point! かたまっていなければ、火加減を中火にして、様子を見ながら更に蒸す。

のせてかっ込む 豆腐メシ

でき立て豆腐を使った、
至福の贅沢飯

材料　1人分

温かいご飯…適量
でき立ての豆腐*…適量
タレ
- 自家製辣油…大さじ1
- 塩…小さじ1
- うま味調味料…小さじ1/2
- 青ねぎ…適量

＊66ページ参照

作り方

下ごしらえ

・ねぎを小口切りにしておく。

調理

1. タレを作る。辣油に塩、うま味調味料、ねぎを入れて混ぜ合わせる。
2. 豆腐をすくってご飯にのせ、タレをかけて食べる（タレはしょっぱいため、少しずつかけて好みの味にする）。

マニアックポイント 1

本場の味には やっぱり自家製辣油

超シンプルな料理だけに、辣油の出来が味を左右します。ぜひ自家製辣油（10ページ）を使ってください。

左ページでも紹介しているように、中国で食べて、そのおいしさに心底衝撃を受けた料理です。たっぷりのでき立て豆腐に、自家製辣油を使ったタレ。あまりにシンプル過ぎて半信半疑で口にしたらびっくり。

家で作るときも、でき立ての自家製豆腐を使うのが必須です！　タレに使う調味料はレシピ通り、辣油、塩、うま味調味料だけに抑えること。かなり塩辛いので、慣れないとしょっぱく感じるかもしれませんが、ハマると止まらない味です。

味の濃い中国の豆腐はおかずの主役を張るほど抜群の存在感を放っていた。

中国の市場で売られている豆腐

豆腐の本場である中国には実にさまざまな種類の豆腐が存在し、日本と同じく家庭料理から高級料理まで幅広く使われている。僕が現地で見たものの多くは、日本の豆腐よりかなりかたくて密度が詰まっている印象だった。また、市場では湯気が立ちのぼるでき立て豆腐も販売されており、日本でいうおぼろ豆腐に似ているけれど、やはりずっとかたくて味が濃い！　濃密で、豆の味と香りがギュッと凝縮されている。市場で買った豆腐を使い、現地で麻婆豆腐を作ったら、昇天してしまいそうなほどにおいしかった！

かたさと弾力がある中国の豆腐。写真の左端に写っているのは、豆腐干（とうふかん）と呼ばれる豆腐を圧縮脱水したもので、炒め物などに使う。

濃いタレが鬼のように合う！忘れられない豆腐飯

あまりに感動して、2日連続で訪問したお店（左写真）。四川省や重慶市には、豆花（豆腐）飯というローカルフードがあり、かために作ったでき立て豆腐とピリ辛のタレがご飯とともに出てくる。辣油、塩、うま味調味料、そしてねぎが入ったシンプルなタレなのだが、これがおいし過ぎた……。この重慶の店には、ランチタイムに近隣の建設作業員の方たちが押し寄せていたので、スタミナ飯のひとつなのかもしれない。

右ページで紹介しているのが、現地の味。ぜひ作ってみてほしい！

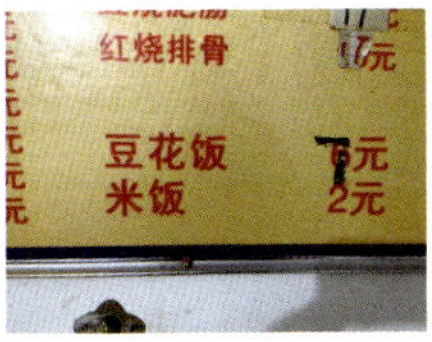

豆花はフルフルのでき立て豆腐。中国の朝食の定番だが、四川省には辣油、ひき肉、揚げた麺がモリモリのったパワー系豆花もあってびっくり！

1%の塩が決め手！ トマトと卵炒め

材料 2人分

卵…4個

トマト…2個

塩…下処理したトマトの総重量の1%

サラダ油（卵炒め用）…大さじ1

サラダ油（仕上げ用）…大さじ2

マニアックポイント 1 トマトはかためのしっかりしたものが◎

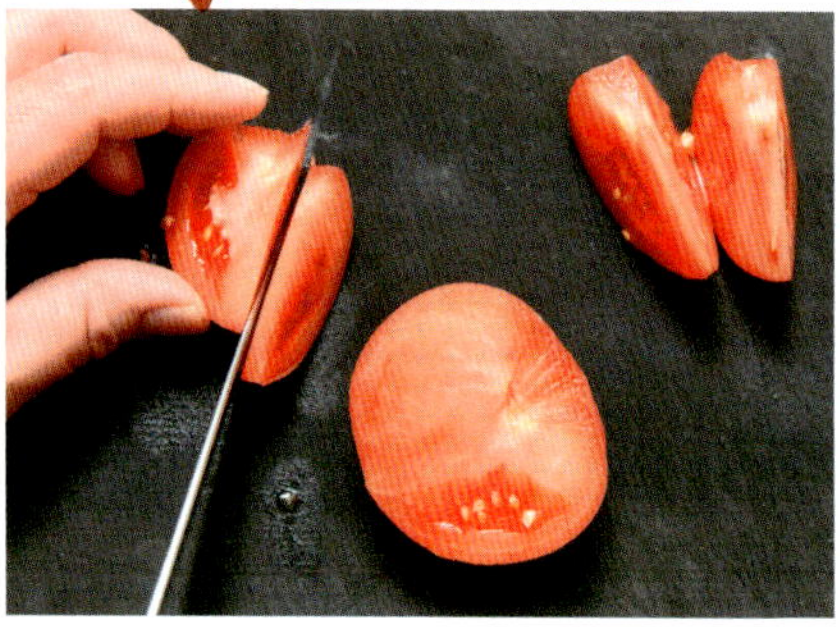

勝負はトマト選びから始まっている！ 食感を残したいので、熟してやわらかいものはNG。皮がしっかりしているフルーツトマトなども最高です。

マニアックポイント 2 1%の塩を先に和える

炒め物はタイミングとスピードが命。先にトマトに完璧なバランスの塩を和えておくことで、炒めるときに焦らず済みます。

作り方

1. トマトはへたを取り、6等分のくし形切りにする。
2. **1**のトマトの重さをはかり、その1%の塩と軽く和える。
3. 卵を軽く溶く。
4. フライパンを中火で熱し、油（大さじ1）をひいて**3**の溶き卵を入れ、軽く混ぜながら半熟加減に火を通したらいったん皿に取り出す。
5. フライパンに油（大さじ2）をひいて強火で熱し、温まったら**2**のトマトを入れる。あまりひっくり返さず、片面にしっかり焼き色を付けるように焼く。
6. トマトに焼き色が付いたら、**4**の卵をフライパンに戻し入れてさっくり混ぜ合わせる。一体感が生まれたら完成。

マニアックポイント 3 トマトと卵は別々に炒める

水分が多いトマトは、じっくり焼き色を付ける。卵はふっくら感を出すためサッと加熱。この2つの火入れを同時に行うのは不可能です。必ず別々に炒めます。

最小限の味付けが最大限のうまさを作る

数ある中国料理の中でも僕がトップクラスに大好きな炒め物。中国全土でも大人気の〝おふくろの味〟です。

にんにくやねぎを入れるもの、砂糖を入れるもの、片栗粉でとろみをつけるもの、チリソースっぽく仕上げるもの……。実にさまざまなレシピがありますが、僕が考えたレシピではシンプルさを突き詰めました。

材料は卵、トマト、油、塩のみ！　シンプルゆえに、家で作るときもまずはレシピ通りを心がけましょう。

大事なのは、トマトに片面だけしっかり焼き色を付けること。そして、卵をふっくら仕上げること。トマトのしっかり食感と卵のふわふわ感の対比が要です。

ちなみに、世界一ご飯が進むトマト料理だと思っているので、ご飯はたっぷり炊いておいてください！

究極の瑞々しさ 青梗菜炒め

マニアックポイント 1

切ったらすぐ水に10分以上さらすべし

野菜の細胞が水分を吸って瑞々しく仕上がります。このレシピは青梗菜のジューシーさを楽しむことが最大の目的。そのためのマストのひと手間！

材料（2人分）

- 青梗菜…1株（約120g）
- にんにく…2かけ（10g）
- 塩…1.4g（青梗菜の重量の1.2%）
- うま味調味料…少々
- 太白ごま油*…大さじ2

＊太白ごま油がなければサラダ油でもよいが、シンプルな料理なのでなるべく油にはこだわる。

マニアックポイント 2

湯通しでその後の加熱を最小限に

葉よりも茎のほうに重点的に湯をかけるよう意識しましょう。野菜は葉と茎で火（熱）の通り方が違います。

作り方

下ごしらえ

- 青梗菜を縦に6等分に切り分ける（まず縦半分に切り、それぞれを3等分に切ると均等にしやすい）。そのまま10分以上水につけておく。
- にんにくをみじん切りにする。
- 湯を500ml以上沸かしておく。

調理

1. 青梗菜をなるべく重ならないようにざるに並べ、お玉で湯を4～5杯かける（少ししなっとなるくらいが目安）。
2. 青梗菜の水気をよく切ってからボウルに移し、塩とうま味調味料で和える。
3. フライパンを強火で熱し、油とにんにくを入れたら、すぐに2の青梗菜を入れる。
4. 熱した油を和えるイメージで10秒ほど炒める。

マニアックポイント 3

油は“炒める”ではなく“絡める”

湯をかけた時点で8割近く火（熱）が入っているので、“炒める”意識は捨ててください。熱々のにんにく油を“絡める”イメージで十分。油を絡めながら青梗菜の温度を少し上げるようにします。

事前の湯通しと最速炒めで シャキシャキの仕上がり

かつて、とあるレストランで食べた青梗菜炒めに大感動して、そのおいしさの秘密はなんだろう……とずっと考えていました。やはり業務用の高火力コンロがないとダメなのかなと思い、諦めかけていたときに、中国料理の古典レシピから、野菜に湯をかける手法を発見したのです。

その手法の特性は実に理に適ったもので、野菜は90〜100℃のような高温で加熱すると軟化しますが、50〜80℃の温度帯を通過するときに、ペクチンという野菜の細胞壁を構成する成分の変化で、かたくなる性質があります。そして、かたくなった野菜は再び加熱してもやわらかくなりにくい。

この性質を生かし、炒める前の青梗菜に湯をかけて硬化させ、かたくシャキシャキに仕上げるというわけです。

炒め物

とろとろの最高峰 魚《ユイ》香《シャン》茄《チエ》子《ズ》

材料 2～3人分

茄子…4本（約300g）
片栗粉…小さじ1/2
水…大さじ2
ごま油…大さじ1
サラダ油…大さじ2
タレ
　にんにく…2かけ（10g）
　中国醤油…大さじ1
　中国黒酢…大さじ1
　甜菜糖…大さじ1
　鶏ガラスープの素…小さじ1
　水…大さじ1

マニアックポイント 1 皮をむいてとろとろ感アップ

皮を残したほうがおいしい茄子料理もありますが、このレシピは飲み物のごとく“とろとろ感”を楽しむためのもの。全部しっかりむきましょう。

マニアックポイント 2 水を吸わせてからレンチン！ がコツ

茄子は、下処理をしないとスポンジ状の組織が大量の油を吸ってしまいます。まず水を吸わせ、更にレンジで軽く加熱することで表面の組織をひきしめて油を吸いにくくします。

作り方

下ごしらえ

- 茄子はへたを取りピーラーで皮をむき、縦に半分に切る。更に縦に等分してから横半分に切る。水に10分浸けてから、タッパーか耐熱容器に入れてラップをして600Wの電子レンジで1分温める。
- にんにくはみじん切りにして、タレのほかの材料と混ぜておく。
- 片栗粉を分量の水で溶いておく。

調理

1. フライパンにごま油とサラダ油をひいて、茄子を切り口を下にして並べる。
2. 強火にかけ、茄子をひっくり返さないように、ときどきフライパンをゆすりながら焼き色が付くまで加熱する。
3. タレを加えて少し煮詰めたらいったん火を止めて、水溶き片栗粉を入れる。
4. 強火にしてタレを全体に絡ませる。

マニアックポイント 3 甘辛酸っぱいタレの構成比をマスターする

砂糖：醤油：黒酢を1:1:1の割合でブレンド！ この比率が“甘辛酸”の黄金比率です。ここに鶏ガラスープの素を小さじ1加えることで、うまみを増強。野菜料理にも肉料理にも使える、万能の味付けです。

「魚香（ユイシャン）」とは中国で大人気の味付け。日本で言うなれば「甘辛醤油味」みたいなもので、絶対的定番の調味法なのです。「魚」という字が入っていますが魚は入っておらず、もともと魚料理の味付けによく使っていたことが由来だそう。

この魚香の最大の特徴は、黒酢をたっぷり使うこと。家で作るときもできれば中国黒酢を使ってほしい。中国黒酢のたっぷりのうまみと穏やかな酸味が、タレを実によいバランスに保ってくれます。

そして、茄子の火入れが東山流！　揚げ茄子のようにとろとろ感がありながらも、脂っこくない。そのために、特に下ごしらえに手間をかけていますが、そのぶんの価値を間違いなく感じてもらえるおいしさだと思います。異次元のとろとろ茄子をぜひ！

レンチン×中国の人気調味法が茄子を更にうまくする

3種の最高食感
木《ムー》須《スー》肉《ロー》

材料（2人分）

- 豚バラ肉…200g
- 乾燥きくらげ…15g
- 卵…4個
- 塩（きくらげ炒め用）…少々
- 塩（豚バラ肉炒め用）…少々
- 胡椒…少々
- ごま油…大さじ1
- タレ
  - 中国醤油…小さじ1
  - 鶏ガラスープの素…小さじ1
  - 片栗粉…小さじ1
  - 水…大さじ1

マニアックポイント 1 きくらげは2時間以上かけてゆっくり戻す

とあるきくらげ料理が有名な店で「みんな戻し時間が短過ぎる」と聞いて試してみたところ驚愕！ 一般的な30分〜1時間戻しとは大きさが全然違います。

マニアックポイント 2 薄切り肉は並べてから点火！

1枚1枚ていねいに手で広げ、フライパンに敷き詰めてから点火すると、均等に火が通り、食べごたえがあるジューシーな食感に仕上がります。

マニアックポイント 3 炒め物は素材ごとの火入れが鉄則！

卵も、肉も、きくらげも要求される火入れがまったく違うので、面倒でも別々に炒めましょう。これだけで家中華がプロの仕上がりに！

作り方

下ごしらえ

- 乾燥きくらげをたっぷりの水を入れたボウルに2時間以上浸けて戻し、水気を絞って食べやすいサイズに切っておく。
- 肉は8cmくらいの長さに切る。
- 卵をゆるく溶く。
- タレの材料をすべて混ぜておく。

調理

1. フライパンにサラダ油（分量外）をひいて強火で熱し、戻したきくらげを1分ほど炒め、塩少々で薄く下味をつけていったん皿に取り出す。
2. 火を止めたフライパンにサラダ油（分量外）を少し入れ、肉を敷き詰めてから強火で加熱する。
3. 肉に8割ほど火が通ったら、塩少々、胡椒少々で薄く下味をつけ、皿に取り出す。
4. **3**のフライパンにごま油を加え、強火で熱し、溶き卵を加える。
5. 卵がトロトロの半熟になったら、**1**のきくらげ、**3**の肉を戻し入れて全体をさっくり混ぜる。
6. タレを加えて更に炒める。
7. タレがなじんで全体が温まったら完成。

きくらげ↓ふわふわ!!
豚↓しっとり!!
卵↓とろとろ!!

中国でも日本でも、超定番の人気料理。小松菜が入っていたり、オイスターベースのこってりした味付けだったり実に多種多様！　では、「東山らしい木須肉ってどんなスタイルだろう？」といろいろ試作してみたところ、〝シンプル〟に落ち着きました。

具材は豚肉、きくらげ、卵のみ。でもそのぶん、それぞれのおいしさを最大化させる工夫を随所に施しています。

まず豚肉は1枚ずつていねいに広げて火入れ。きくらげは2時間かけて完全に戻しきる。卵は単独で炒め、完璧にふっくら火入れする。

それぞれの具材がしっかりおいしく仕上がっているので、味付けは醤油と鶏ガラスープの素のみ。これ以上ないくらいに「木須肉食ってる……！」という確かな満足感が得られるはずです。

歯ごたえを極めた いんげん炒め

材料（2人分）

- さやいんげん…2パック（約160g）
- 豚バラ肉…80g
- にんにく…2かけ（10g）
- 赤唐辛子ホール…1〜2本
- ごま油…大さじ1
- 調味料
  - 中国醤油…小さじ1
  - 鶏ガラスープの素…小さじ1
  - 甜菜糖…小さじ1/2
  - うま味調味料…少々

マニアックポイント 1 いんげんは下茹でが超重要！

いんげんは中心に火が通りにくく、外側だけ火が通り過ぎてイマイチな食感になりがち。サッと下茹でしてサッと炒めることで、シャキシャキ食感に！

マニアックポイント 2 包丁を斜めに入れて味を染みやすく

表面がツルツルしているいんげんは、調味料を弾きやすく味が染みにくい。そこでカット面を大きくします。ちょっとしたことですが、大事な下ごしらえです。

作り方

下ごしらえ

- 沸騰させた湯でいんげんを10秒茹で、ざるにあげて粗熱が取れたらへたを落とし、1/2〜1/3の長さに斜め切りする。
- バラ肉を手切りでひき肉にする。
- にんにくをみじん切りにする。
- 唐辛子はキッチンバサミで細い輪切りにする。

調理

1. フライパンを強火で熱してごま油を入れ、肉を赤みがなくなるまで炒める。
2. にんにくと唐辛子を加えて軽く炒める。
3. 調味料をすべて加えて更に炒める。
4. いんげんを入れ、30秒ほど炒める。

マニアックポイント 3 手切りしたひき肉は肉感と鮮度が最高

切り立ての肉は水分を保ったままでジューシー。味の主張の強い野菜に対して肉の主張も強めることで、よいバランスに！

中国の居酒屋で食べて驚いた料理です。注文してからあっという間に出てきたのに、とんでもないおいしさ！

正直、いんげんは炒め物に向いていない野菜だと思っていました。というのも、表面がツルツルしているため調味料がのりづらいのです。かといって片栗粉でとろみを付けてしまうと、いんげんの表面のキュッキュッとした独特の歯ごたえが失われてしまう……。

そこで、サッと茹でる＆ひき肉の味を強めてやることで、調味料のノリの悪さを完璧にカバーすることに成功。もともと味が濃い野菜なので、本当は炒め物に超向いていたのです。

手軽なのに、主役級になるおいしさとパンチ力。これを食べた友人は必ずみんな超感動する必殺料理です。

少しかためのいんげんに手切りした豚肉が最善手

白飯必須！

回《ホイ》鍋《コー》肉《ロー》 四川式

材料 2人分

- 茹で豚*…300g
- ピーマン…4個
- にんにく…2かけ（10g）
- 中国醤油…小さじ1
- 紹興酒…大さじ1
- 豆板醤…小さじ2
- 豆豉…大さじ2
- 一味唐辛子…小さじ1〜4
- 甜菜糖…小さじ1/2
- うま味調味料…小さじ1/2
- サラダ油…50g

＊36ページ参照

マニアックポイント1 茹で豚は多めの油でじっくり炒める

茹で豚をたっぷりの油で炒めることで、肉の余計な脂が抜ける＆食感がサクッとなるメリットが。味も香りもより凝縮されておいしく仕上がります。

マニアックポイント2 調味料の投入順は絶対遵守！

豆豉は油にしっかりあてる。豆板醤はきちんと油になじませる…など、調味料の投入順には意味があるのでレシピ通りに。また、火力を強くし過ぎて焦がさないよう注意しましょう！

マニアックポイント3 事前の油通しで仕上げは手早く

ピーマンは事前に一度炒めているので、仕上げの炒めは軽くでOK。食感を残すため炒め過ぎないこと！

作り方

下ごしらえ

- すべての調味料を計量しておく。
- 茹で豚を3〜5mmの厚さに切る。
- にんにくをみじん切りにする
- ピーマンは縦半分に切ってへたと種を取り除き、更に縦に切り6等分にする。
- フライパンを強火で熱してサラダ油（分量外）を入れ、ピーマンを炒めて7割ほど火が通ったらいったん皿に取り出す。

調理

1. フライパンを強火で熱して油を入れ、肉を入れる。よく混ぜながら、軽く焼き色が付くまで炒める。
2. 弱火にして、豆豉を入れて軽くなじませてから、豆板醤も加えて油になじませる。
3. 一味唐辛子とにんにくを入れてシュワシュワと泡が出たのを確認したら、調味料を醤油、うま味調味料、甜菜糖、紹興酒の順に加えていき、よく混ぜる。
4. 強火にしてタレが肉によく絡んだら、炒めておいたピーマンを入れ、全体がなじむまで軽く炒める。

調味料の絶対的ルールで本場の臨場感を味わう

回鍋肉は、中国の四川においておそらく一番人気のおかずではないかと思います。豚肉さえ茹でておけばものの数分でサッとできるクイックメニューなので、家庭でもよく作られますし、提供する店も数多くあります。

日本のようにキャベツが入ったり、甜麺醤ベースの甘辛い回鍋肉は存在しません。だいたいが「肉＋葉ニンニク＋辛くない青唐辛子」という具材構成で、甘さはなく塩辛くてうまみの強いスタイル。なにより一番の違いは、本場では必ず皮付き豚バラ肉を使います。皮付きのほうが肉を加熱したとき縮みづらく、〝肉感〟が増すのです。

今回は作りやすさを考慮して、皮なしの茹で豚でもおいしくできるレシピにしていますが、より本格的な味を目指す人はぜひ皮付き茹で豚でも挑戦してみてください。

甘辛コクの 回《ホイ》鍋《コー》肉《ロー》 日本式

材料（2人分）

- 豚バラ肉…200g
- キャベツ…1/4個
- ピーマン…4個
- 生姜…薄切り3枚
- にんにく…2かけ（10g）
- 片栗粉…小さじ1
- 水…大さじ1
- ラード…大さじ1
- ごま油…大さじ1
- タレ
  - 中国醤油…小さじ1
  - 紹興酒…大さじ1
  - 甜麺醤…大さじ1
  - 豆板醤…小さじ2
  - うま味調味料…少々

マニアックポイント 1 豚バラ肉は厚めがベター

野菜のしっかりした食感と釣り合いが取れるよう、肉も焼肉用など厚めを選びましょう。ブロック肉を自分で8mmくらいの厚さにカットしてもgood！

マニアックポイント 2 野菜は忘れず別炒め

家庭でおいしい炒め物を作るための大原則がここでも登場。皿に取り出したあとも余熱で火が通るので、ちょっと早いかな？ というくらいで大丈夫です。

マニアックポイント 3 タレ、野菜、肉を最後に一体化！

具材はあらかじめ炒めてあるので、仕上げは「全体を温めてタレを具材になじませる」くらいのイメージで。

作り方

下ごしらえ

- 肉を食べやすい大きさに切る。
- キャベツを5cm幅のざく切りにする。
- ピーマンは縦半分に切ってへたと種を取り除き、更に縦に切り6等分にする。
- 生姜は皮ごと薄切りにし、にんにくはみじん切りにする。
- タレの材料をすべて混ぜておく。
- 片栗粉は分量の水で溶いておく。

調理

1. フライパンを強火で熱し、サラダ油（分量外）を入れてキャベツを炒めていったん皿に取る。
2. 同様に、ピーマンを炒めていったん皿に取り出す。
3. 火の点いていないフライパンにラードとごま油を入れ、肉を貼り付ける。強火で加熱して、肉に火が通ったら皿に取り出す。
4. **3**のフライパンにそのまま生姜とにんにくを加えて炒める。シュワシュワと泡が出たら、タレの材料をすべて入れて軽く煮詰める。
5. 炒めておいたキャベツ、ピーマン、肉を入れてタレに絡める。
6. 水溶き片栗粉を入れて更に炒め、全体にタレをなじませる。

回鍋肉の語源は、「一度茹でた肉を再び鍋に戻して炒める」ことにあります。ですが、日本人にとっての回鍋肉は、「豚バラ肉とキャベツの甘辛味噌炒め」でしょう。僕は四川式も日本式もどちらも大好物です！

日本式回鍋肉のうまさを最大化する上で一番重要なのは、野菜がシャキシャキであること。日本式回鍋肉は甜麺醤をベースにしており、コクがある濃厚な味わいです。タレが濃いからこそ、野菜のシャッキリした瑞々しさが必要なのです。野菜の水分によって濃厚なタレを中和して、また次の一口を食べたくなる……。そのためにも野菜の火入れ加減に注意して、しっかりシャキシャキ感を残しましょう。

なお、ここで紹介している日本式レシピを本場風に茹で豚で作ってもおいしいです。

中華料理の本領発揮！
肉野菜炒めの基本形

牛脂たっぷり本格派

四川風ガチ火鍋

材料（4人分）

具材（好みの肉、野菜など）…適量

スープ

- 赤唐辛子ホール…20本
- 花椒ホール…大さじ1〜2
- ホールスパイス…八角4個、シナモン2本、クローブ10本、クミン大さじ1、ローリエ2枚
- 生姜…2かけ（30g）
- にんにく…6かけ（30g）
- 豆板醤…大さじ2
- 一味唐辛子[*1]…大さじ1〜3
- 中国醤油…大さじ3
- 甜菜糖…大さじ1/2
- うま味調味料…小さじ2
- 自家製鶏スープ…1.5L
- 牛脂[*2]…100g
- ラード…100g
- サラダ油…100g

タレ（**86**ページ参照）

＊1 好みの辛さに応じて加える。
＊2 油は牛脂、ラード、サラダ油をブレンドせず牛脂（300g）のみでもよい。

マニアックポイント1 大量の牛脂が現地の味

四川や重慶では、店先で100L超えの香味辣油を作っている光景に出くわします。その油はすべて牛脂！ 牛脂と唐辛子の複合的な香りこそが、本物の火鍋！

マニアックポイント2 香辛料の風味を油にしっかり抽出！

火鍋は香りが命。香辛料などの香り成分のほとんどは脂溶性といって油に溶け込みやすい性質があります。香辛料を低温の油でじっくり煮ることで、油にしっかり香りを移しましょう。

マニアックポイント3 自家製鶏スープで味に深みを出す

辛い香味辣油にうまみをプラスして、味全体のバランスをとります。顆粒の鶏ガラスープの素に、具材として鶏肉やきのこを足してもよいでしょう。

作り方

1. 鍋にサラダ油、ラード、牛脂を入れて、弱火にかけて牛脂を溶かす（牛脂のキューブが大きい場合は、かき混ぜながら中火で20〜30分かけて溶かすとよい）。
2. 赤唐辛子、花椒、ホールスパイス、生姜を入れ、赤唐辛子が茶色くなるまで中火で加熱する。
3. にんにくを粗みじん切りにして**2**に入れ、軽く混ぜたら、豆板醤も加えて油になじませる。いったん火を止めてから、一味唐辛子を加える。
4. 一味唐辛子からシュワシュワと泡が出たら、鶏スープを加える（一味唐辛子から泡が出なければ、中火で加熱して様子を見る。決して赤唐辛子を焦がさないように気を付ける）。
5. 強火にして加熱し、醤油、甜菜糖、うま味調味料を入れて味付けする。
6. そのまま5分ほど沸騰させたらスープが完成。好きな具材を入れ、タレにつけて食べる。

「大きな鍋で辣油を作る」が香ばしさとコク辛のコツ

中国ではカジュアルな店から高級店まで、街の至るところで火鍋屋を見かけます。僕は火鍋が超大好物で、中国全土でたくさんの店を訪ねました。

その中で学んだことは、火鍋で最も大事なのは、おいしい香味辣油を作ること。それができたら8割は完成したと思っていい。そこにうまみが強いスープを合わせる。具材はなんでもOKです。

中国の火鍋屋には実に豊富な具材が用意されています。肉類はもちろん、ちくわなどの練り物、豆腐、油あげ……。春雨もいいし、スパムもうまい！　いろいろな具材を煮たスープは極上のうまみが凝縮されているので、締めや翌日に麺を入れて食べると最高です！

家中華で火鍋……と聞くとハードルが高く感じるかもしれませんが、ぜひチャレンジしてほしいです。

現地ベスト3の味

四川風ガチ火鍋のタレ

本式だけどクセがない、どんな具材にも合う極みダレ

材料 各1人分

練りごまベース

練りごま…小さじ2
中国醤油…小さじ1
中国黒酢…小さじ1
うま味調味料…少々
火鍋のスープ…大さじ1
にんにくとパクチーみじん切り…適量

腐乳《フールー》ベース

腐乳*…小さじ2
中国黒酢…小さじ1
花椒油…小さじ1/4
うま味調味料…少々
火鍋のスープ…大さじ1
にんにくとパクチーみじん切り…適量

*豆腐の発酵食品（調味料）

黒酢ベース

中国黒酢…大さじ1
中国醤油…小さじ2
うま味調味料…少々
火鍋のスープ…大さじ1
にんにくとパクチーみじん切り…適量

ほかにもあるとおいしい調味料

- **辣椒大王**　個人的にはマスト！ シャープな辛さとうまみをしっかり与えてくれます。
- **オイスターソース**　シンプルにうまくなる＆まろやかになる！
- **豆豉**　刻んでタレに入れるとコクとうまみが増します。
- **黒糖または甜菜糖**　辛さをマイルドにしてくれつつコクが出ます。

スープも具材もタレも無限。本場・中国の火鍋に溺れてきた。

街中にも市場にも火鍋が溢れている

火鍋はもともと中国では鍋料理全般のことを指していたそうだが、今は四川省や重慶市で食べられていた辛いスープにさまざまな具材を投入する麻辣火鍋が特によく知られている。

中国に行って感じたのが、あらゆる飲食店の中で最も人気なのは火鍋屋なんじゃないかということ。そして、さすが火鍋大国。夜市にもしっかり火鍋の屋台があり、ど肝を抜かれた。もちろん味もおいしい！

テーブルには3段階の辛さのスープ。つけダレは自分で好みの味に調合。各人好きな具材を取ってきて同じ卓を囲み食べる。

地元でもかなり流行っているという人気店。手切りの肉はもちろん、空芯菜、エノキ、豆もやしがもうおいしすぎて天を仰いだ。

ドロっと濃すぎるスープが最高の四川の牛肉火鍋

あまりの外観のカッコよさに一目ぼれして入店（上写真）。看板は手書きだし、店内のメニューは段ボール。そしてなんと、ボウルを鍋代わりに使っている！ なのに、注文後に牛のブロック肉を手切りでスライスするという芸の細かさ。牛肉も8部位用意するという徹底っぷりでその時点から美味を確信したが、実際食べるとスープの重厚なうまみに驚愕！ そしてスパイスとハーブが混然一体となった香りに辛さが突き抜ける。当然どんな具を入れても抜群で、残ったスープはご飯にかけて夢中でかっ喰らった。

「冒菜（マオツァイ）火鍋」も派生系。選んだ具材を火鍋のスープでごった煮にして提供してくれる。具材の重さで料金が決まるシステムで、火鍋の中では最も安価で簡易的だがうまさは十分！

若者に人気の「串串香（チュアンチュアンシャン）」は伝統火鍋から派生したスタイルで、竹串に刺さった好きな具材を選び取り、火鍋で煮て食べる。夜市で体験した火鍋もこのタイプで、箸を直接スープにつけることもなく衛生的にもバッチリ。

世界有数のきのこ大国・雲南省では天然きのこの火鍋を堪能。濃厚な親鶏のスープにきのこがたっぷり入って、うまみの分厚さは広辞苑並み！

東山的最高四川料理
水《シュイ》煮《ジュー》牛《ニュー》肉《ロー》

材料（4人分）

牛バラ肉*… 300g
セロリ… 1本
豆もやし… 1袋（約200g）

牛肉下味
- 中国醤油…大さじ1
- 紹興酒…大さじ1
- 片栗粉…大さじ1
- 水…大さじ1

香味油
- 赤唐辛子ホール…10本
- 花椒ホール…大さじ2
- 牛脂…50g
- サラダ油…150g

スープ
- にんにく…4かけ（20g）
- 一味唐辛子…小さじ1
- 中国醤油…大さじ2
- 老抽王…大さじ2
- 紹興酒…大さじ2
- 豆板醤…大さじ2
- 甜菜糖…小さじ1
- うま味調味料…小さじ1
- 水… 1L

＊四角いカルビ、もしくは厚めのスライスがよい。

マニアックポイント 1　油と香辛料はたっぷり

力強い料理にするため、油と香辛料は惜しみなく使ってください。この量に比例しておいしくなると言っても過言ではありません。

マニアックポイント 2　タレをまとわせてプリッとした食感

片栗粉を含ませたタレに牛肉をまとわせてから煮ると、肉の周りにゲル状の膜ができます。プリッと仕上がる＆うまみを閉じ込める大事なコツ。

マニアックポイント 3　肉は1枚1枚ていねいに火入れする

肉が主役の料理です。肉を最大限、ていねいに扱います。まとめてドカッと投入したらせっかくの食感が台無しに…。

作り方

下ごしらえ

・セロリは茎を斜め切りにし、葉を5cmの長さに切っておく。
・にんにくをみじん切りにする。
・牛肉下味の材料をすべて混ぜて、ボウルで肉に絡ませておく。

調理

1. 深めの鍋に香味油の材料をすべて加えて、弱めの中火で加熱し、赤唐辛子が茶色くなったら花椒と一緒にある程度取り除く。
2. いったん火を止め、豆板醤とにんにくを入れて余熱で軽く炒める。
3. 強火にして、すぐにセロリと豆もやしを入れて炒め、少ししんなりしたら、残りのスープの材料をすべて入れて沸騰させる。
4. 肉を1枚ずつ広げてスープに入れていく。
5. すべての肉に火が通ったら完成。

四川料理の粋を集めた、最高の料理だと思います。熱々で辛くて、痺れて、うまみたっぷりのスープから肉を引き上げて無我夢中で食べる。こんなにスープが熱々なのに、肉がかたくパサパサにならず、いつまでもジューシーなまま。豪快な料理なのに、細かな下ごしらえによっておいしさが保たれているという点がとても美しいのです。

家でもぜひチャレンジしてみてください。肉は、安い外国産牛肉を使うのがおすすめです。それもなるべく赤身質なものがよいでしょう。外国産牛肉の脂の少なさ、ワイルドな風味が実に合います。

肉のサイズは焼き肉用くらいの厚みがあったほうが、濃いスープの中に入れても存在感を示してくれて好相性。一度ハマったら中毒になるくらいおいしくて危険！

香りと風味を閉じ込めた
香味油がうまさの源泉

極薄衣の油《ユー》淋《リン》鶏《チー》

材料（2人分）

鶏もも肉…2枚
中国醤油…鶏肉の総重量の3%
酒…鶏肉の総重量の5%
うま味調味料…少々
衣
- 米粉…50g
- 片栗粉…50g

タレ（92ページを参照）

マニアックポイント 1 タレを塗ったらしっかり乾燥

タレに漬けた鶏肉を冷蔵庫で乾燥させれば、肉の表面の余分な水分が抜けて、衣を極限まで薄く付けることができます。揚げたとき、軽い仕上がりに。

マニアックポイント 2 米粉：片栗粉＝1:1

配合を何度も試作して、たどり着いた黄金比。極薄の衣がパリッと仕上がります。油淋鶏だけでなく普通のから揚げにも応用できる衣です。

作り方

1. 鶏肉の総重量の3%の醤油と、同5%の酒を計量しておく。
2. 酒、うま味調味料を耐熱容器に入れ、ラップをせずに、電子レンジで沸騰するまで加熱する（酒大さじ1の場合、600Wで40秒加熱が目安）。
3. **2**に醤油を加え、ボウルで肉と絡める。
4. 肉の皮を上にして網付きバットやざるにのせ、ラップをせずに冷蔵で最低3時間（理想は12時間）乾燥させる。
5. 肉に付いた調味料の汁気をクッキングペーパーで軽くおさえたら、米粉と片栗粉を混ぜた粉を薄くつけてはたく。
6. 深めの鍋に油（分量外）を入れて、揚げ物用温度計ではかりながら、170℃まで加熱する。
7. 肉を1分揚げたら、網付きバットにあげて2分休ませる。これを肉1枚ずつ4セット繰り返す。
8. 食べやすいサイズに切り、タレを大さじ1〜2杯かける。

マニアックポイント 3 「揚げ1分×休ませ2分×4セット」のルールを守る

揚げ物は、揚げている時間より休ませている時間のほうが大事！ しっかり休ませながら揚げることで、驚くほどしっとり&ジューシーに仕上がります。

ていねいな4度揚げが
パリッ&ジューシーの極意

油淋鶏は鶏もも肉を1枚丸々揚げるのが一番おいしく作れると考えています。そして、このボリュームの揚げ物を最後までおいしく食べてもらうには、軽いことが不可欠！　軽くするために、極限まで衣を薄くしました。タレに酸味が利いていることもあり、1枚ペロッと食べられてしまう軽さです。

もうひとつ、気をつけたいこととして、鶏もも肉1枚を揚げるとき、肉が大きいぶん、どうしても生焼け状態になりやすい。それを回避するためには、休ませる時間を増やして、ゆっくり火を入れてやるのが有効です。揚げる時間よりも休ませる時間を長くとることで、低温調理のような状態になり、肉にしっかり火が通りつつもパサつきません。4度揚げは珍しく、手間かもしれませんが、かぎりなく失敗を防げます。

グレープフルーツを使った 油《ユー》淋《リン》鶏《チー》のタレ

材料 作りやすい分量

グレープフルーツの搾り汁…1/2個分（約50g）
長ねぎ（白い部分）…1/3本
生姜…2/3かけ（10g）
中国醤油…100ml
中国黒酢または米酢*…50ml
甜菜糖…大さじ1

＊黒酢だとマイルドな味に、米酢だとシャープな味に仕上がる。

作り方

1 生姜とねぎをみじん切りにする。

2 グレープフルーツを搾り、醤油と酢を入れ、更に甜菜糖を加えて溶けるまでよく混ぜ合わせる。更に**1**を加えてさっと混ぜる。

グレープフルーツダレを使った料理の活用レシピ

豚肉のサラダに

豚バラ肉のスライスを80℃ぐらいの湯でサッと茹で、レタスなどの生野菜にのせます。その上にグレープフルーツのタレとごま油をかければおいしいサラダの完成（上写真）。

茹で鶏にかけても◎

グレープフルーツの香りと程よい酸味は、鶏肉とも相性ばっちりです。僕は茹で鶏（40ページ）にかけて食べています。さっぱりして最高においしいのでおすすめ。

揚げ物にはなんでも合う

油淋鶏以外の揚げ物にもよいでしょう。とんかつがイチ押しですが、えびと青じその春巻き（94ページ）に付けると、春巻きのさっぱり度がよりアップします。

しゃぶしゃぶのタレとして

茹でた肉との相性はもちろん、野菜ともよく合うので、しゃぶしゃぶを食べるとき、ポン酢代わりにこのグレープフルーツのタレを使うとクセになるおいしさです。

*タレは、多めに作っておいてタッパーなどの密閉容器に入れて冷蔵庫で保存すれば、約1週間おいしく食べられます。

最上のさっぱり揚げ物

えびと青じその春巻き

マニアックポイント1 えびはごろごろ大きめ食感がマスト

理由はシンプル！ えびを存分に感じたいから！ えびというのはあの食感こそが最大の長所。皮で巻ける範囲でなるべく大きいほうが満足感があってうまい！

マニアックポイント2 青じそで、餡の水気が染み出すのをブロック！

春巻きの皮に水分は大敵。ネチョっとして揚げたときに穴が開いてしまいます。えびもひき肉も水分が多いので、しそでガード！

マニアックポイント3 「揚げる×休ませる×2セット」でカラッと！

揚げ物の極意は、「揚げる＆休ませる」を繰り返して、食材にやさしく火入れすること。これで超ジューシーに仕上がります。

材料（5本分）

- 春巻きの皮…5枚
- 青じそ…8枚
- 小麦粉…大さじ1
- 水…大さじ1
- 餡
  - むきえび…150g
  - 鶏ももひき肉…150g
  - オイスターソース…小さじ2
  - 生姜…2/3かけ（10g）
  - 塩…2g

作り方

1. えびは背の部分を浅く切って背わたを竹串などで取り、1cmに切る。生姜はすりおろす。
2. ボウルに**1**と残りの餡の材料をすべて加えて練る。
3. 深めの鍋に油（分量外）を入れて、揚げ物用温度計ではかりながら、170℃まで加熱しておく。
4. 春巻きの皮をひし形に置き、皮の中心より少し下の部分に、縦半分に切った青じそを3枚並べる。
5. **2**の餡を60g（5等分）に計量し、青じその上に横長に整えてのせる。
6. 皮をしっかり巻いて、小麦粉を水で溶いたもので端を留める。
7. 揚げ油に1〜2本ずつ入れ、1分45秒揚げたら網付きバットにあげて1分45秒休ませる。これを2セットおこなう。

おそらくこれまで食べたことがない、新しい家中華のえび春巻きだと思います。皮がパリッとして、中から肉汁が飛び出たかと思えば、たちまちプリプリのえびの大群が口中を満たし、青じそのさわやかな香りが駆け抜ける……。レモンやすだちを搾って食べると、たまらないおいしさです！

コツは、春巻きは香りを楽しむ料理だと意識すること。

まず、胡椒を入れない。薬味はしそと生姜で十分なので、それ以上香りを重ねるとケンカしてしまいます。

次に、鶏ひき肉を使うこと。豚や牛のひき肉では香りが強過ぎて、えびの香りを殺してしまいます。鶏肉の穏やかな風味がえびの香りと相性がよいのです。揚げ物の割に軽いので2～3本は余裕で食べられると思います。

味も、具材も、揚げ方も
軽さにこだわった新定番

自家製鶏スープの鶏そば

マニアックポイント 1

鶏油でコクに別次元の深みを出す

ラーメンを形成する重要な要素は、①麺 ②スープ ③油と言われます。鶏ベースのスープ＋鶏油は別次元においしくなる魔法のテクニック。

マニアックポイント 2

スープの基本は塩分濃度1.2%

正確に計量してほしいですが、はかりがない人は、スープが「ちょっとしょっぱい」くらいにしておくと、麺を入れたときちょうどよい濃度になります。

材料（1人分）

中華麺[*1]…1玉（約100〜130g）
長ねぎ（白い部分）…適量
茹で豚[*2]または茹で鶏[*3]（好みで）…適量

スープ
- 生姜…薄切り1枚
- 自家製鶏油…大さじ1
- 塩…3.6g
- うま味調味料…少々
- 自家製鶏スープ…300g

＊1 生麺、乾麺どちらのタイプでも可
＊2 36ページ参照
＊3 40ページ参照

作り方

下ごしらえ

・ねぎは好みのサイズに切っておく（白髪ねぎにするのがおすすめ）。
・麺を茹でるための湯を沸かしておく。

調理

1 麺を、パッケージに記載されている茹で時間を参照して茹で始める。

2 スープの材料をすべて鍋に入れて沸騰させ、すぐに火を止める。

3 どんぶりに2のスープを注ぎ、茹でた麺を入れる。ねぎをのせ、好みで茹で豚または茹で鶏をのせる。

頑張ってとった自家製鶏スープ（**14**ページ）のおいしさを100%味わい尽くすには、やはりラーメンが最適でしょう。

家庭で作るラーメンの楽しさは、麺を変えることによって味わいの変化を試せることにあると思います。細い麺を使うと、麺全体の表面積が増えるため、口に運ばれるスープの量が多くなり、味を濃く感じやすくなります。太麺を使うと、逆にスープの量が少なくなり、麺の存在感をより強く感じられます。

食べながら調味料を好きに足すことができるのも、家中華のラーメンの楽しさ！　麺の種類によって塩分を足すのも面白いですよ。

ここではシンプルな、かけラーメンを紹介しましたが、茹で豚（**36**ページ）や茹で鶏（**40**ページ）を具材としてのせても最高です。

油のコクと
完璧な塩分濃度で
格段に味を上げる

素朴さがクセになる
目玉焼きまぜそば

材料（1人分）

刀削麺（乾麺タイプ）
　…100g
卵…2個
パクチーまたはニラ
　…適量
にんにく…1〜2かけ
タレ
　中国醤油…大さじ1
　鶏ガラスープの素
　　…小さじ1/2
　甜菜糖…小さじ1/2
　うま味調味料
　　…小さじ1/2
　中国黒酢（好みで）
　　…小さじ2
　自家製辣油（好みで）
　　…大さじ1と1/2

おすすめの市販の刀削麺。ネットでも手に入り、完全に現地の味。この麺ならば、3分30秒茹でるのがベスト。

マニアックポイント 1 計算し尽くしたタレの構成で現地のうまさを再現！

まぜそばはスープがないぶん、タレの味に大きく左右されます。だからこそ配合がものすごく難しい！まずは試行錯誤して導き出したこの配合に忠実に！

マニアックポイント 2 乳化するまでしっかり混ぜる！

まぜそばのうまさはタレの乳化により引き出されます。麺から溶け出た小麦粉成分が乳化剤となり、タレの水分と油が完全に乳化するまでしっかり混ぜます。

作り方

下ごしらえ

- にんにくをみじん切りにする（この料理では、チューブタイプではなく必ず生のにんにくを使う）。
- パクチーまたはニラを食べやすいサイズに切る。
- 麺を茹でるための湯を沸かしておく。

調理

1. 麺を、パッケージに記載されている茹で時間を参照して茹で始める。
2. どんぶりに、にんにくとタレの材料をすべて入れて混ぜる。
3. フライパンにサラダ油（分量外）をひいて熱し、卵を割り入れ、目玉焼きを作る。
4. 茹で上がった麺をざるにあげ、水気をよく切って**2**のどんぶりに入れる。
5. タレがトロッと乳化するまで麺とよく混ぜる。
6. 目玉焼きと、パクチーまたはニラをのせる。

混ぜると味が激変！絶対再現したいシンプル拌麺

とにかく簡単でおいしいので、我が家でのリピート率が異常に高いまぜそばです。

中国の麺屋に行くと、ほとんどの店で「煎蛋（ジェンダン）」というトッピングが出てきます。両面焼きの目玉焼きのことで、これをのせると一気にうまくなる麺がたくさんあります。

特に、タレと麺に少量の漬物やねぎ、パクチーだけを加えたような超シンプルなまぜそばにのせると一気にリッチな味わいに進化！　肉が入っていないのにこれだけのうまさと食べごたえがあるまぜそばは発明だと思います。

家で作るとき、にんにくはチューブタイプではなく、生のものを刻んでやるとおいしさが段違いです。

麺はお好みで試してほしいですが、このまぜそばには刀削麺がおすすめです。

段違いの香り！

ニラのまぜそば

麺

マニアックポイント1 ニラはとにかくたっぷり！

この料理では、ニラは薬味ではなく具材であり、タレとしての役割も担っています。迷わず思いっきり入れましょう！

材料（1人分）

- 刀削麺（乾麺タイプ）…100g
- 豚ひき肉…100g
- ニラ…1/2束（約50g）
- にんにく…1かけ（5g）
- ラード…20g
- タレ
  - 一味唐辛子…小さじ1/2
  - 中国醤油…小さじ2
  - 老抽王…小さじ2
  - 甜菜糖…小さじ1/2
  - うま味調味料…小さじ1/2
  - 水…大さじ1

マニアックポイント2 肉汁をプラスしてタレに厚みを出す

ニラという味も匂いも強い野菜がたっぷり入る麺なので、相応の力強さがタレにも求められます。肉の力を借りましょう。最高のパワー系好相性！

作り方

下ごしらえ

- にんにくをみじん切りにする。
- ニラを1～2cmの長さに切る。
- タレの材料をすべて混ぜる。
- 麺を茹でるための湯を沸かしておく。

調理

1. 麺を、パッケージに記載されている茹で時間を参照して茹で始める。
2. フライパンにラードを入れ、強火でにんにくと肉を炒める。
3. 肉にしっかり火が通ったらタレを加え、沸騰したら火を止める。
4. 茹であがった麺をざるにあげ、水気を切ってどんぶりに盛る。
5. 麺に**3**をかけてよく混ぜる。
6. ニラをのせる。

ニラが主役のまぜそば。容赦ない量のニラがのっているのに、料理全体で味のバランスが完璧にとれています。

中国でこれに近い料理に出会ったのですが、おいしさのために大事なのは、まずタレに肉を入れること。これだけの量のニラに対抗できるタレを作るには、調味料だけでは力不足なのです。

更に、油にラードを使うことによって、より力強い味になります。これほどパワフルな味わいのまぜそばは、なかなかほかにないでしょう。

食べるときはしっかり混ぜて。味がしっかりしているので、途中で辣油や黒酢をかけて味変するとたまらないおいしさ。というより、味変はマストです！

もし、ニラを辛く感じる場合は、完成後に電子レンジで30〜60秒加熱すると食べやすくなりますよ。

引く程の大量のニラで凄まじい風味を生み出す

日本蕎麦再発見!

四川風肉蕎麦

材料（1人分）

蕎麦（乾麺タイプ）…90g
豚バラ肉（スライス）
…150g
ニラ…1/3束（約30g）
にんにく…1/2かけ（2.5g）
自家製辣油
…大さじ1〜2
スープ
- 中国醤油…大さじ1
- 老抽王…大さじ1
- 甜菜糖…小さじ1
- うま味調味料
…小さじ1/2
- 水…300ml

マニアックポイント 1
肉を入れたら火を止めてやわらかさキープ!

薄切り豚肉は沸騰した湯で茹で続けると、すぐにかたくなってしまいます。火を止めることでやさしく加熱され、パサつきなしのジューシー食感に。

マニアックポイント 2
風味の源、豚肉をたっぷり泳がせる

だしをまったくとっていないので、肉から出るコクやうまみが味の拠り所になります。風味をスープにしっかり移しましょう。肉もふっくら大きくなり一石二鳥。

作り方

下ごしらえ

- ニラを1〜2cmの長さに切る。
- にんにくをみじん切りにする。
- スープの材料をすべて鍋に入れて沸騰させる。
- 蕎麦を茹でるための湯を沸かしておく。

調理

1. 蕎麦を、パッケージに記載されている茹で時間を参照して茹で始める（少しかために茹でるのがおすすめ）。
2. 沸騰したスープに肉を1枚ずつ入れていき、いったん火を止める。
3. 肉をスープの中でよくほぐす。
4. 中火にして肉に火が通ったら、すぐに肉を皿に取り出す。
5. スープを再沸騰させて、どんぶりに入れる。
6. 茹で上がった蕎麦をざるにあげ、水気を切って**5**のどんぶりに入れる。
7. ニラをのせ、にんにくと**4**の肉をのせて辣油をかける。

だしナシでも、にんにく&辣油&豚肉で深みを出す

初めて四川に行ったとき、老舗の蕎麦屋で温かいかけ蕎麦にたっぷり辣油がかかっていて衝撃を受けました。

四川に蕎麦があったことも驚きでしたが、こんなに中国の辣油と蕎麦の相性がよいものかと、そこにもびっくり。日本でも辣油を使う蕎麦はありますが、四川のものは完全に〝中国の麺料理〟という仕上がりなのです。

その差は、鰹節や昆布といった〝和の素材〟を使っていない点にあるのだと分析。そこで思いっきり中国醤油の味を利かせて、豚肉のゆで汁をだしとして利用することで、日本の蕎麦にはない、現地度の高い中国式蕎麦ができ上がりました。

その個性的な味に食べた人はみんな驚くはず。黒酢をかけて味変すると、更に現地度がアップします。

中国料理の多様性の象徴、麺料理の驚くべきバリエーションに遭遇する。

重慶を訪れたら必ず食べるべき豆入り麺

広大な土地にさまざまな民族が暮らし、それぞれが独自の文化を持つ中国は食文化も実に多様。言わずもがな麺料理も地域ごとに麺、スープ、具材、食べ方などスタイルが異なる。訪れた土地でそこでしか食べられない麺料理に必ず出会えるだろう。

重慶市で食べた豌杂面（ワンザーミェン／豌雑麺）は、あらゆるまぜそば系の中でも傑作だと思う。豌豆、つまりえんどう豆がたっぷりのせられている。正直、最初は「まぜそばに豆って合わないでしょ？」「豆が重たそうだな…」と思ってたんだけどとんでもない！　豆がめちゃくちゃよい仕事をしている！　豆のうまみ&自然な甘みが、麺の風味をすごく膨らませているのだ。

タレは醤油ベースに辣油、花椒油。しっかり混ぜてすすると、辣油の香ばしさ、花椒の鮮烈な香りが鼻から抜けて最高！

ミント入れ放題！雲南省の米線（ライスヌードル）

雲南省では、ミントをはじめとするハーブ類が料理によく使われている。この〝ミント汁そば〟では、鶏白湯スープにミントがどっさりトッピングされていたのだが、めちゃくちゃ合う！　日本のものよりも、しそっぽい香りでさわやか。まったくエグみがなくて食感もやわらかで、塩味のスープと違和感なくマッチしていた。麺はこの地方特有の米粉で作った太丸の米線（ミーシェン）で、弾力がありながらふわふわで、これまたミントによく合う！

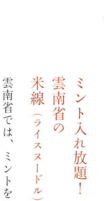

四川で本場の担々麺を探していたら最良のまぜそばと出会った

発祥の地である四川省で、〝汁なし担々麺〟にお目にかかれることは実はほとんどない。担々麺は伝統料理であり、ほぼ形骸化してしまっているそうなのだ。代わりに炸醤麺（ザージャンミェン）が主流となっており、これが日本人が思い浮かべる汁なし担々麺と言ってほぼ差し支えないだろう。どれも極めてシンプルで、茹でた麺の下に醤油ベースのタレと辣油が敷いてあり、ひき肉と、場合によっては漬物がのっている。これを思いっきり混ぜて食べるのだが、荒々しくもありながら洗練されているような、二律背反のおいしさ！

知られた話だが、本場では"汁なし"の担々麺が通常で、"汁あり"は日本独自のアレンジ。

これまで食べてきた麺料理の中でトップクラスの味

中国で食べてきた〝汁なし担々麺〟の中で、間違いなく一番おいしかったのがこちら。初めての中国旅で出会い、あまりに感動して迷わず再訪。まず全体の調味のバランスがとんでもなく精密で丁寧なのだ！　そして麺の茹で加減も最高！　麺、ひき肉、茹でいんげん、タレ、辣油と構成要素は超シンプルなのに、ここまでおいしくできるのか!?

店主は頑固職人で、「弟子は取らない、多店舗展開しない、お店は唯一ここだけ」「写真撮るのが目的で、真剣に食べない人は来るな」と店先に掲示してある。そのおかげか、以前訪れたときより席数が増えてるのに超満席！　あまりにおいしくて、おかわりしまくって同行3人で7杯食べた！

日本に戻り、この味を自分なりに表現できないかと試行錯誤してできあがったのが46ページで紹介したメニュー。ぜひ！

餡にも！卵にも！ダブルえび天津飯

材料 1人分

温かいご飯…200g

えび餡

- むきえび…100g
- 生姜…2/3かけ（10g）
- オイスターソース…小さじ2
- うまみ調味料…少々
- ごま油…小さじ1/2
- 片栗粉…大さじ2
- 水…150ml

卵焼き

- むきえび…100g
- 卵…3個
- うまみ調味料…少々
- サラダ油…大さじ1

マニアックポイント 1

えびは火が通ったらソッコー引き上げる

えびは火が入り過ぎると身がミシミシしてかたくなってしまいます。軽く火が通ったらすぐに皿に引き上げましょう。余熱で火が通るから大丈夫！

マニアックポイント 2

卵にもえびを入れて贅沢感アップ！

えびの数とおいしさはシンプルに比例します。餡だけではなく卵にもえびを入れることで、お店超えの贅沢天津飯に！

作り方

下ごしらえ

- えびは背の部分を浅く切って背わたを竹串などで取る。
- 生姜はすりおろす。
- 片栗粉を水大さじ2（分量外）で溶いておく。
- 卵をボウルに割り入れ、うま味調味料を入れて軽く溶いておく。

調理

1. えび餡の材料のうち、えびと水溶き片栗粉以外を鍋に入れ、強火にかけて沸騰させる。
2. 沸騰したらいったん火を止めて、水溶き片栗粉を入れてよく混ぜて再沸騰させる。
3. 鍋にえび（餡用100g）を加えて弱火にして、火が通ったらえびだけいったんボウルなどに引き上げる。
4. フライパンにサラダ油をひいて強火で熱し、温まったらえび（卵焼き用100g）を入れて炒める。
5. えびに9割程度火が通ったら溶き卵を加え、卵のフチがかたまってきたら全体をかき混ぜ、中央に寄せて形を整える。
6. 卵の上部がまだトロトロの状態で火を止めてフライパンに蓋をし、余熱で温める。
7. 鍋の餡に**3**のえびを戻し入れて、再沸騰させる。
8. 皿にご飯を盛り、**6**の卵、**7**の餡をかける。

えび炒飯にせよ、えびチリにせよ、えびを主役にした料理は思いっきりえびを感じ尽くしたい！　そんな欲望から餡にも卵にもえびをたっぷり入れる天津飯を開発しました。

店でこれだけのえびが入った料理を頼むと余裕で2000円は超えますが、今回使っているのはむきえびであるため、一食600円以下で作れます！

ポイントはえびのゆで汁さえもだしとして使い、えびのうまみを余すことなく使い切ること。

そして、えびの火入れが最重要ミッションなので、とにかく火を入れ過ぎないように気を付けてください。8割くらい火が通っていれば、あとは余熱で大丈夫です。やさしく加熱したえびは、弾力とジューシーさが段違い！

だしも身もたっぷり使って
えびのうまさの最高潮

だしと具を堪能する ホタテ粥

マニアックポイント 1

お粥は生米から作る「炊き粥」がベスト

お粥と雑炊の違いは生米から作るか、炊いた米で作るか。生米に多めの水を加え、ていねいに炊いたお粥は素晴らしくうまい！

マニアックポイント 2

ドロドロ感より米粒感

このレシピは、米粒をしっかり残すことが特徴。米粒が水を吸ってふっくらし、舌の上をなめらかに通り抜ける心地よさはたまらない！

材料（2人分）

- 冷凍ホタテ貝柱…100g
- 米…50g
- 塩…適量
- 水…400ml

作り方

1. 米を軽く洗う（浸水はしなくてよい）。
2. 鍋に**1**の米と水を入れ、中火にかける。ときどき混ぜながら沸騰するまで加熱する。
3. 沸騰したら蓋をして、極弱火にして20分煮る（煮ている間、鍋の中はかき混ぜない）。
4. **3**に冷凍ホタテを加えて軽く混ぜてから蓋をして、極弱火のまま更に10分煮る。
5. 仕上げに塩を加え、味を調える。

マニアックポイント 3

ホタテを入れたら弱火でじっくり

ホタテに一気に火を通し過ぎるとパサパサになってしまいます。弱火でゆっくり火を入れることで、ふっくらと仕上げます。

これまで、お粥といえば風邪をひいたときに食べる養生食だと思っていました。でも、数年前に京都の朝粥が有名な店でお粥を食べたときに、あまりのおいしさに感動。やわらかく炊けているけど、米一粒一粒がしっかり形を保っており、ふっくらしているのです。僕がイメージしていた、どろどろで重たいものとはまったく違い、サラッと軽くて、味わいがとても澄み切っていました。

家中華のお粥でも、そんな味を目指しました。更に、冷凍のホタテを加えることで、ホタテの淡泊なうまみが足されて、よりしっかりした食べごたえに仕上がっています。

とてもシンプルなので、食べるときのアレンジは無限大！ザーサイやパクチーをのせたり、ごま油を少量垂らすのもおすすめです。

生米&冷凍ホタテで
うまみをしっかり出し切る

肉がとろける

豚バラ煮込みご飯

材料（2〜3人分）

- 温かいご飯…適量
- 茹で豚[*1]…約500g
- 自家製鶏スープ…肉の総重量の50%
- 水[*2]…肉の総重量と同量
- 青梗菜…適量
- 煮込み調味料
  - 生姜…1かけ（15g）
  - 八角…2個
  - 老抽王…肉の総重量の5%
  - オイスターソース…肉の総重量の5%
  - 紹興酒…肉の総重量の5%
  - 甜菜糖…肉の総重量の1%

＊1 36ページ参照
＊2 水は豚の茹で汁でもよい。

マニアックポイント 1　一度茹でてある豚を再び煮込む

このコツのメリットは2つ。①豚肉がしっとりやわらかくなる。②余分な脂と雑味が抜けてクリアな味になる。とろとろだけど軽い仕上がりを目指します！

マニアックポイント 2　調味料は肉が完全にやわらかくなってから

塩分は、肉をかたく締める作用があります。一度かたくなってしまうと再びやわらかくはならないため、しっかり煮えてやわらかくなってから調味料を入れて染みさせます。

作り方

1. 茹で豚を鍋の大きさに合わせて切って入れ、肉がひたひたになるように鶏スープと水を加える。
2. 生姜と八角を入れ、蓋をせず中火にかけて加熱する。沸騰したら落とし蓋をして弱火で60分煮る。
3. 残りの煮込み調味料の材料をすべて加え、弱めの中火で更に30分煮る。
4. 鍋から肉だけ取り出し、食べやすい大きさに切る。
5. フライパンに、切った肉と**3**の煮汁を肉がひたひたになる量まで入れて中火にかけ、煮汁を沸騰させる（味見して味が濃ければ鶏スープや水を加えて調整する）。
6. 食べやすい大きさに切った青梗菜を耐熱皿にのせ、ラップをかけて600Wの電子レンジで1分加熱する。
7. ご飯に肉と青梗菜をのせ、**5**の煮汁をかける。

調味料を煮詰めながら染み込ませていくイメージ。おいしそうな色になるまで、しっかり煮ます。

しっとり茹で豚を使って
脂、雑味、
パサパサを回避！

日本には豚の角煮がありますが、これを中国式で作ると、見た目は似ていても、まったく別の仕上がりになるのが面白い！

わかりやすい違いとしては、まず八角などの香辛料を入れること。それから、必ず肉を事前に下茹ですること。老抽王といった濃いたまり醤油を使うこと……などで、味を決定的に変えています。

中国では、豚肉の煮物系は必ずと言っていいほど皮付き豚バラ肉を使います。皮に含まれるゼラチン質が溶け出すことでタレがとろとろになり、コクも段違いに増すのです。

ただ、皮付き豚バラ肉は手に入りにくいため、今回のレシピのように皮なしでも十分。スペアリブや鶏の手羽先、手羽元などを一緒に煮るのも効果的です。味に深みを持つ甘辛タレは、ご飯との相性抜群！

液体と固体の臨界点
ジャスミン茶ゼリー

マニアックポイント 1

「正確な計量」で理想の口当たり

このレシピでは、液体と寒天の割合をギリギリに調整することで、固体と液体の臨界点ともいえる食感を実現しています。計量は必ず緻密に完璧に！

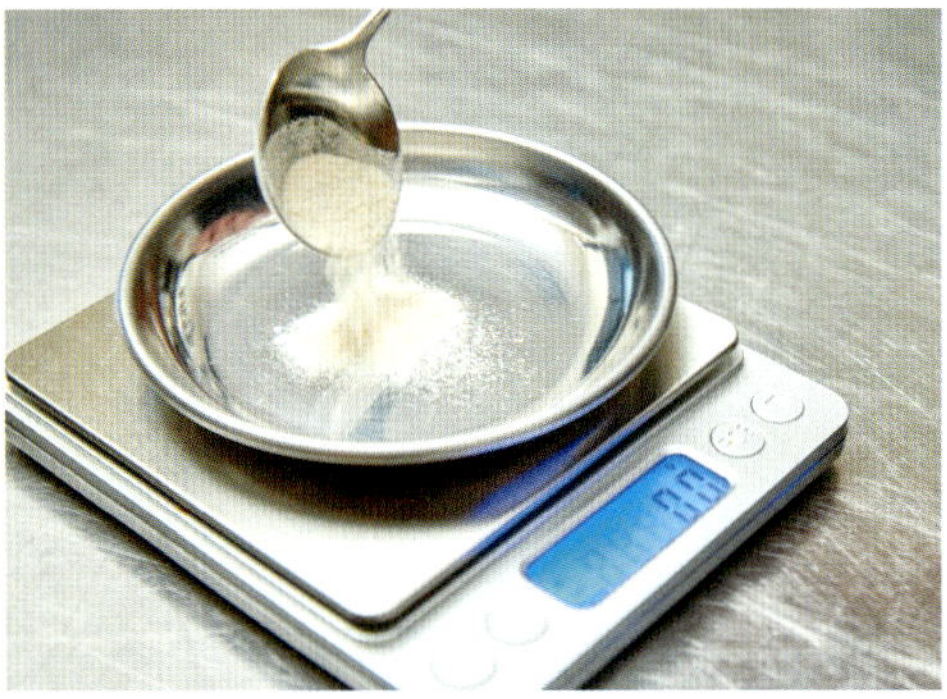

マニアックポイント 2

茶葉にゼリー液を注いだら再加熱は厳禁！

ジャスミン茶の香気成分は、高温で加熱し過ぎると揮発して弱まってしまいます。澄んだ香りを引き出すために、急須でお茶を淹れるように、ゆっくりていねいに抽出します。

材料 5個分（約150ml容器）

- ジャスミン茶葉…8g
- 甜菜糖…50g
- 粉末寒天…1g
- 水…500ml

作り方

1. すべての材料を計量しておく。
2. 鍋に水と甜菜糖を入れ、強火にかける。
3. 沸騰したら火加減を弱めの中火にして、粉末寒天を入れて1分よくかき混ぜる。
4. ティーポット（なければボウルなどの器）に茶葉を入れ、**3**を注ぎ入れる。
5. そのまま1分30秒おく。
6. 茶葉を濾して、熱いうちに100gくらいずつ器に注ぎラップをかけ、冷蔵庫で4時間以上冷やす。

口に入れた瞬間に溶ける、水：寒天の究極比率

とてもやわらかいけれどスプーンではすくえる。口に入れたときは舌の上でゼリーとしての形を保っているけど、上顎でつぶそうとしたら瞬時に液体に変化する……。そんな食感の、固体から液体に移ろう瞬間を楽しんでもらうためのゼリーです。

この食感を生み出すために、寒天を0・1g単位で調整しながら何度も試作して、このバランスにたどり着きました。

茶葉の香りを完全に生かし、苦味を程よく抑えることにも配慮しています。口にしたときはひんやり甘く、口中で液体になって飲み込んだ瞬間に鼻腔に立ち上る茶葉の香りを楽しんでください。

ジャスミン茶以外にも、凍頂烏龍茶や台湾四季春茶などの茶葉で作るのもおすすめです。

極限のなめらかさ
杏仁豆腐

デザート

マニアックポイント1 フワトロ食感を生む材料の配合

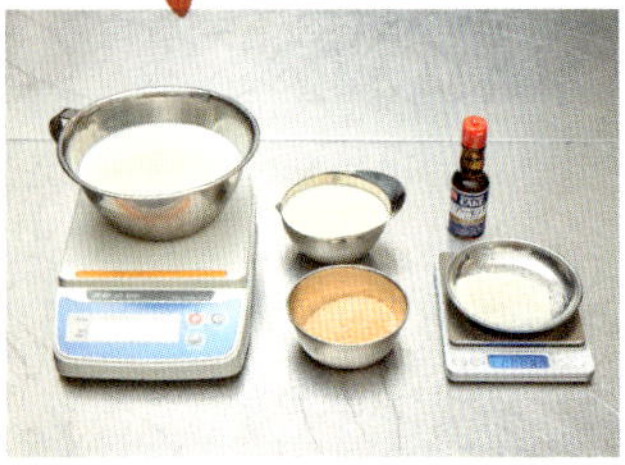

究極のフワトロ食感を追求した、このレシピ。牛乳、生クリーム、ゼラチンを正確に計量することがマストです。

材料 5個分（約150ml容器）

- 動物性生クリーム（乳脂肪分35%）…100g
- 甜菜糖…30g
- 粉末ゼラチン…3g
- アーモンドエッセンス*…約20滴
- 牛乳…300g

*メーカーによって香りの強さが違うため、好みの香りになるまで入れる。

マニアックポイント2 牛乳の沸騰は絶対NG！

加熱し過ぎると牛乳のたんぱく質が熱変性を起こし、舌触りがザラついてなめらかさが失われてしまいます。

マニアックポイント3 アーモンドエッセンスもなめらかさの秘密

杏仁霜は風味が強くおいしいのですが、食感が少しザラつくのが気になります。そこで、代わりにアーモンドエッセンスを使えば、超なめらか食感に。

作り方

下ごしらえ

- すべての材料を計量しておく。
- 耐熱容器に粉末ゼラチンと水を大さじ1杯（分量外）入れ、600Wの電子レンジで20秒加熱。ゼラチンを溶かしておく。

調理

1. 鍋に牛乳、生クリーム、甜菜糖を入れて中火にかけ、温度計ではかりながら70℃まで温度を上げ、火を止める（温度計がない場合は、鍋肌からフツフツと泡が出るくらいを目安にする）。
2. **1**に溶かしたゼラチンを加え、ホイッパーでよく混ぜて完全に溶かし切る。
3. 鍋を水を張ったボウルに浸けて粗熱を取り、温度計ではかりながら30℃以下になるまで攪拌して冷ます（ボウルの水が温かくなったら、都度入れ替える）。
4. 30℃以下になったら、アーモンドエッセンスを加えて更に攪拌する（温度が高いとアーモンドエッセンスの香りが飛んでしまうため注意する）。
5. 100gぐらいずつ器に注いでラップをかけ、冷蔵庫で8時間以上冷やす。

生クリームとゼラチン、牛乳の絶妙なバランス

杏仁豆腐は中国料理の超定番デザートであり、日本でもおなじみ。いろいろなスタイルがありますが、僕は誰もがアッと驚く杏仁豆腐を作りたいと考えていました。油をしっかり使った中国料理の締めでもあるので、軽くサラッと食べられることも重要です。

そこで、まるで飲み物のようになめらかな口当たりの杏仁豆腐を作ろうと考え、試行錯誤。ゼラチン量を何度も試したほか、杏仁豆腐に必須である杏仁霜をあえて使わず、アーモンドエッセンスで代用するほうがなめらかさは高まることを発見したのです。

このレシピで作って、もっと香りを楽しみたいと思った方は、仕上げにトンカ豆をグレーターで削って振りかけてみてください。一気に高級レストランのデザートにグレードアップします。

軽さと濃厚の両立 マンゴープリン

材料 5個分（約150ml容器）

- 冷凍マンゴー…300g
- 動物性生クリーム（乳脂肪分35%）…100g
- 甜菜糖…20g
- 粉末ゼラチン…5g
- 水…100ml

マニアックポイント1 あえての冷凍マンゴーで時短&安価&安定品質

生のマンゴーは高価で季節によって手に入りにくい。でも冷凍マンゴーなら安い！ しかもいつでも入手可能！ 冷凍でも濃密な甘さは健在のため、最適です。

マニアックポイント2 ミキサーにかければとろける食感に

マンゴーは意外と繊維質な果物。ミキサーで繊維を破壊してやると、とろとろ具合が増して、更に濃厚な味わいに変化します。

作り方

下ごしらえ

- 冷凍マンゴーを1時間ほど常温において解凍しておく。
- マンゴー以外の材料を計量しておく。
- 耐熱容器に粉末ゼラチンと水を大さじ2杯（分量外）入れ、600Wの電子レンジで20秒加熱して、ゼラチンを溶かしておく。

調理

1. 鍋に水と甜菜糖を入れ中火にかけ、沸騰直前まで温度を上げて火を止め、かき混ぜて甜菜糖を溶かす。
2. **1**の鍋に生クリームを加え、弱火にかけて、温度計ではかりながら70℃まで温度を上げる。
3. 溶かしたゼラチンを**2**に入れて、ホイッパーでよく混ぜて完全に溶かし切る。
4. **3**と解凍したマンゴーをミキサーでなめらかになるまで攪拌する。
5. 100gぐらいずつ器に注いでラップをかけ、冷蔵庫で8時間以上冷やす。

冷凍だからたどり着いた、シメに相応しいデザート

マンゴープリンも超定番デザート。中国料理自体が油をたっぷり使った重たいものが多いので、極限まで軽いマンゴープリンを作ろうと決め、レシピ開発に着手しました。糖度が高いため重たくなりがちなマンゴープリンが、ふわっと泡のように口の中で溶けていったら感動ものだろうと思ったのです。

軽くするためにはいろいろな方法がありますが、ここでは、空気をたっぷり含ませることに。ゼラチンは冷えると徐々にかたまっていきますが、溶けた冷たいマンゴーでプリン溶液の温度を下げながら攪拌して空気を入れ込んでいます。また、乳脂肪分が低い生クリームを使用することでも軽い口当たりを実現しました。

ほかにはない、ちょっと個性的なマンゴープリンです。

おわりに

マニアック家中華の旅はまだまだ続く

マニアック家中華、作ってみていかがでしたか?

先日、20日弱かけて中国を旅してきました。旅のテーマは「餃子」。本書のコラムでも紹介したように、中国は、四大料理と言われる北京、上海、広東、四川をはじめ、省や地域によって食文化がガラッと変わります。餃子も然り。なかでも印象的だったのが、山東省・青島の魚介餃子です。港町である青島では、餃子の具は魚介類がメジャー。イカ墨を練り込んだ生地でイカの身を包んだ水餃子や、鰆のミンチを包んだ水餃子は感動ものでした。

また、餃子は圧倒的に水餃子がメインという中国ですが、鍋貼(グオティエ)という焼き餃子的な料理にも遭遇。具材はひき肉とニラだけというシンプルさなのですが、力強いおいしさに驚きました。

中国に行くたび多種多様な料理に感動し、その底知れない魅力に夢中になります。まだまだ知らないことがたくさんあるなと、家に戻ってレシピを検証する日々です。

みなさんも、ぜひこの本をきっかけに、どっぷり家中華沼&料理沼にハマってもらえたら嬉しいです。間違いなく一生楽しめるので!

鍋貼と言われる中国式焼き餃子。餡は店内で手包み。具は肉と新鮮なニラのみで、これが素晴らしくおいしかった。

印象深い山東省・青島の魚介餃子。皮にイカ墨、具材にイカの身を使った水餃子が最高だった!

東山広樹　ひがしやま・ひろき

超料理マニアな料理人

中学生のときから料理にハマる。東京農業大学応用生物科学部醸造科学科卒業後、いったんサラリーマンになるも料理の道をあきらめきれず、料理書専門出版社を経て、汁なし担々麺専門店を創業。1000を超える試作から生み出された味がたちまち評判となる。現在は、会員制レストランの主宰や出張料理イベント、食品メーカー・飲食店へのレシピ提供など幅広く活動。開発した激ウマレシピや、年間400店訪れるという食べ歩き情報を発信するSNSも人気となっている。「超好吃（マジでうまい！）」と刻まれたドッグタグを胸に、「おいしい」を追求して日々奮闘中！

X　@h_gashiyama

中国から持ち帰ったり、普段から買い集めている食材や調味料、お茶などを、古い衣装箱に保管しています。いつもあっという間にいっぱいに！

器を集めるのが趣味で、自宅兼作業場の壁一面が食器で埋め尽くされています。

中央の置物は餃子がモチーフ。餃子の半月形はもともと貨幣の形を模して作られたと言われ、運を呼び込む縁起物です。

マニアック家《いえ》中《ちゅう》華《か》

2024年12月17日　第1刷発行

著者
東《ひがし》山《やま》広《ひろ》樹《き》

発行所
ダイヤモンド社
〒150-8409 東京都渋谷区神宮前6-12-17
https://www.diamond.co.jp/
tel 編集 03-5778-7233 販売 03-5778-7240

アートディレクション
三木俊一

デザイン
游瑀萱（文京図案室）

撮影
中村寛史

イラストレーション
加藤淳一

校正
文字工房燦光

製作進行
ダイヤモンド・グラフィック社

印刷
ベクトル印刷

製本
ブックアート

編集担当
大庭久実

ISBN 978-4-478-12104-7
落丁・乱丁本はお手数ですが小社営業局宛にお送りください。送料小社負担にてお取替えいたします。
但し、古書店で購入されたものについてはお取替えできません。